Peter Faul (Hrsg.)

Schwaben in Friedrichshafen

Schwaben in Friedrichshafen

Wià d Hofinger und Buchhorner ihr Seealemannisch verlerned hond

Herausgeber: Peter Faul

Autoren: Jeannette Bullinger
Jens Bucher
Kerstin Dürnay
Peter Faul
Philipp Martin
Sascha Oswald
Verena Rauch
Josef Schwarz
Tobias Scheinert

Ein Projekt des Karl-Maybach-Gymnasiums Friedrichshafen

Mit Beiträgen und unter der Mitarbeit von:

Willi Amann, Stefan Ardemani, Maria Bart, Ottilie Beck, Ulrike Beier, Fam. Bischofberger, Elisabeth Blum, Jutta Dickmanns, Antonie Diesch, Dr. Bruno Diesch, Dr. Erdmuthe Döffinger-Lange, Hedwig Draxinger, Siegfried Draxinger, Wolfgang Engelberger, Ulrike Felder-Rhein, Dr. Jürgen Flemming, Dr. Martin Freitag, Erich Frey, Fritz Gafner, Susann Ganzert, Nikolai Geršak, Heinz Gessler, Michael Gierlich, Doro Glaser, Tina Goldberg, Alfons Hagmann, Georg Hasenmüller, Daniela Heffungs, Josefine Heumann, Martin Heumann, Bruno Hildebrand, Erwin Hildenbrand, Hermann Hillebrand, Dr. Dirk Huhn, Margarita Kaufmann, Gertrud Keppeler, Otto Klarowski, Arno Kleiß, Dr. Burkard Langenfeld, Peter Langer, Isolde Maile, Evelin Martin, Konrad Maucher, Margot Maurer-Faul, Msg. Robert Mayer, Helene Merz, Eugen Moll, Stefan Müller, Karl Munding, Ekatharina Netz, Erika Neumann, Manfred Oberschelp, Jürgen Oellers, Erika Pelzl, Astrid Plavec, Dr. Fritz-Peter Rau, Irmingard Rau, Sigrid Richter, Julia Rüsing, Adelheid Sauter, Manfred Sauter, Dr. Ulrich Sauter, Bernd Scheffer, Edith Scherer, Susi Schütz, Eberhard Sohn, Walter Sohn, Karl Stähle, Ursula Tulzer, Karl-Hermann Weidemann, Hanspeter Wieland, Heidi Wieland, Monika Wieland, Dr. Georg Wieland, Franz Wirth, Sönke Wittnebel, Markus Zeller u.v.a.

Technische Unterstützung erfolgte durch Daniel Müller sowie durch die Mitglieder der Cinéma-Technik-AG des KMG: Beat Bauer, Christian Baum, Michael Bock, Steffen Haas, Anna Hildebrandt, Susanne Jaekel, Olga Krieger, Anja Kühner, Tobias Scheinert.

Die Zeichnungen und Grafiken stammen von Verena Rauch, Philipp Martin und Jens Bucher, die Fotos von Markus Zeller und Peter Faul.

Wir bedanken uns herzlich für die Unterstützung bei:

Förderverein Schwäbischer Dialekt e.V.
Landratsamt Bodenseekreis
MTU Friedrichshafen
Sparkasse Bodensee
Stadt Friedrichshafen
Technische Werke Friedrichshafen GmbH
ZF Friedrichshafen AG

Verlag Robert Gessler, Friedrichshafen, 2006

Satz und Reproduktion: typodesign, Friedrichshafen
Druck: Bodensee-Medienzentrum, Tettnang
Bindearbeiten: Walter, Industriebuchbinderei, Heitersheim
DVD-Herstellung: Media-Impuls, Meckenbeuren

ISBN 3-86136-109-4

Inhalt

Zeichenerklärung:

Ton- und Filmdokumente werden im Buch mit einem entsprechenden Emblem dargestellt und verweisen auf das entsprechende Kapitel auf der DVD.

DVD I, 2 Tondokument – auf der DVD in Kapitel I unter der Nummer 2 zu finden.

DVD III, 4 Filmdokument – auf der DVD in Kapitel III unter der Nummer 4 zu finden.

Die in diesem Buch abgedruckten Lieder finden sich auf der DVD. Sie wurden gesungen vom:

Vokalensemble an der Schlosskirche Friedrichshafen unter der Leitung von Sönke Wittnebel:
Helgard Braun, Margret Fischer, Barbara Fricker-Tuzlu, Sibylle Kastner, Jörg Pommer, Tobias Vöhringer, Gabriele Wittnebel. Am Klavier: Sönke Wittnebel.

Vokalensemble unter der Leitung von Nicolai Geršak:
Peter Faul, Verena Herrmann, Joachim Kreutle, Andrea Paul, Barbara Mayer-Frenznick, Franz Rudhart, Julia Rüsing, Eberhard Sauter, Heidi Sauter, Lucia Sauter, Ulrich Sauter. Am Klavier: Nicolai Geršak.

6er Chor des Karl-Maybach-Gymnasiums unter der Leitung von Arno Kleiß:
Selina Bleicher, Nadine Boch, Teresa Buck, Kristina Dann, Selina Eberle, Sonja Fakler, Kathrin Gebhard, Julia Hener, Nina Henne, Anika Herde, Leonie Knittel, Claudius Looser, Sarah Marquart, Maria Rzesny, Daniela Schaal, Mareike Suchier, Elke Weyermann, Carolin Zehrer, Anna Zinser. Am Klavier: Arno Kleiß.

Vokal-/Instrumentalensemble des Karl-Maybach-Gymnasiums unter der Leitung von Arno Kleiß:
Melanie Hergert, Ingo Hildebrandt, Mareike Hoffmann, Michael Klesel, Juliane Lamparsky, Michaela Lohmann, Anna Mainz, Maika Martin, Raphaela Müller von Kralik, Judith Neumann, Steffi Reyer, Julia Rüsing, Verena Simmler, Carlo Striegel, Franziska Werner, Johannes Widmer.
Am Klavier: Arno Kleiß.

Hinweis zur Schreibung:
Die Texte in diesem Buch sind z. T. in Schwäbisch und Alemannisch verfasst.
Wir verwenden bei der Schreibung der alemannischen und schwäbischen Wörter weitgehend die Schriftzeichen des deutschen Alphabets und versuchen eine lautgetreue Schreibung. Allerdings lassen sich zwei für das Alemannische und Schwäbische charakteristische Laute damit nicht adäquat wiedergeben. So fügen wir zwei Sonderzeichen ein:
à als Zeichen für einen Laut zwischen a und e: Nudlà (Nudeln), fangà (fangen), à (ein) etc.
ò als Zeichen für einen Laut zwischen a und o: Schwòbà (Schwaben), Schòf (Schaf) etc.
Längungen kennzeichnen wir in der Regel durch Doppelvokale, Kürzungen durch Doppelkonsonanten.
Der lautgetreuen Schreibung entsprechend schreiben wir für den „sch"-Laut immer „sch", auch vor p und t, wo das Schriftdeutsche diesen Laut mit „sp" und „st" wiedergibt.
In wenigen Fällen weichen wir von den hier aufgeführten Schreibregeln ab, um auf die Verwandtschaft mit dem Schriftdeutschen hinzuweisen.

Vorwort

„Wer uff dà Hafà will, muàß sitzà bleibà!“ Diese alte Anweisung der Schaffner an die Fahrgäste der Schwäbischen Eisenbahn im Friedrichshafener Stadtbahnhof gab den Anstoß und die Idee zu dem vorliegenden Buch, das auf Schwäbisch den programmatischen Titel „Schwòbà im Hafà“ tragen müsste. Es beschäftigt sich nämlich mit den Dialektverhältnissen im „Hafà“, also in Friedrichshafen, und geht der Frage nach, warum in Friedrichshafen Schwäbisch gesprochen wird. Die Frage, die sich auf den ersten Blick leicht beantworten lässt, versucht in Wirklichkeit zu ergründen, warum das Seealemannische, das über 1400 Jahre in Buchhorn und Hofen zu Hause war, so schnell in Friedrichshafen verdrängt wurde, dass die meisten Friedrichshafener Bürger glauben, in ihrer Heimatstadt habe man schon immer Schwäbisch gesprochen.

Die Frage nach den Dialekten, nach der Muttersprache der Friedrichshafener, ist zugleich – unter einem anderen Blickwinkel – eine Frage nach Heimat. Was stellt für einen Friedrichshafener Bürger Heimat dar? Eine mögliche Antwort darauf bietet die Sprache, die Mutter- bzw. Heimatsprache. Deswegen beschäftigt sich dieses Büchlein nicht nur mit Schwäbisch und Seealemannisch, sondern spürt auch den anderen deutschen Dialekten in der Stadt nach. Darunter finden sich Dialekte, die wie das alte Seealemannische in Friedrichshafen vom Verschwinden bedroht und vielleicht nur noch kurze Zeit erfahrbar sind. Umso mehr freut es mich, dass viele Häfler Bürger mit dazu beigetragen haben, in diesem Buch ein lebendiges Bild von der heutigen sprachlichen Vielfalt in unserer Stadt zu zeichnen und damit auch für die Häfler der Zukunft zu bewahren.

Allen Mitwirkenden sei ein herzliches „Vergelt’s Gott!“ gesagt!

Peter Faul

I. Von Badenern und Württembergern

Friedrichshafen liegt im Schwabenland. Und im Schwabenland spricht man Schwäbisch. Im Gegensatz zum Badener Land: da spricht man nämlich Badisch. Wer hier am Bodensee lebt, weiß das. Denn zwischen Fischbach und Immenstaad verlief bis 1952 die alte Landesgrenze zwischen Baden und Württemberg. Geistig gibt es diese Grenze noch heute. Also sprechen Immenstaader, Klufterner, Efrizweiler und Markdorfer Badisch. Fischbacher, Friedrichshafener, Ailinger, Unterteuringer und Oberteuringer dagegen sprechen Schwäbisch.

Als das Bundesland Baden-Württemberg 1952 aus (Süd-)Baden, Württemberg-Baden und Württemberg-Hohenzollern gebildet wurde, war die Mehrheit der Bevölkerung Süd-Badens gegen den Zusammenschluss. Trotzdem wurde der Südweststaat politische Wirklichkeit und befindet sich mittlerweile im sechsten Jahrzehnt seines Bestehens.

Die Ressentiments der Badener gegen die Württemberger sind jedoch geblieben. Aber auch umgekehrt: Die Württemberger können mit gleicher Münze heimzahlen. Dies lässt sich leicht zeigen, wenn man dem Volk „aufs Maul schaut“:[1]

[1] Die folgenden Sprüche, Witze und Bösartigkeiten haben wir bei unserer Umfrage „Welche Dialekte spricht man hier am Bodensee?“ als Antworten erhalten, als wir nach Spottversen über Schwaben und Badener fragten. Die abgedruckten Antworten stellen nur eine kleine Auswahl dar, aus moralischen und erzieherischen Gründen verschweigen wir den Rest vornehm. Zur Umfrage siehe Seite 130 ff.

Mit 40 werdet Schwòbà gscheit,
Badener net in Ewigkeit.

Lieber à Ratt im Keller wie àn Badenser
im Hausgang.

Mir Schwòbà kennet fei koin Rassàhass,
du Badenser, du nixiger!

D Schwòbà han's em Kopf,
d Badener en dr Gurgel.

Es gibt Symbadische und Badische.

Warum fliegàt d Vegel über Badà aufm Rickà?
Damit se des Elend dort net sehàt.

Warum haben die Badenser lange Ohren? – Schon im Kinderwagen nehmen die Mütter ihre Kinder an die württembergische Grenze, heben sie an den Ohren hoch und lassen sie in das gelobte Land schauen mit dem Spruch: „Dort drüben bei den Schwaben, da wirst du einmal dein Brot verdienen!“

Über Baden lacht die Sonne,
über Schwaben die ganze Welt!

Liabàr en Ratz i dà Schtubà,
als àn Württàberger im Huusgang.

Mir Schwòbà chönne nüt,
nit emol Hochdütsch!

Schwòbà schaffàd, Badener denkàd.

Es gibt halt Badische und Unsymbadische!

Än anderà Namà für ä Schwòb?
Granatà-Seggl.

In Württemberg muss man arbeiten,
in Baden musst du leben.

Ein Badener sitzt im Beichtstuhl und sagt:
„Ai großi Sünd muess ich no biechtà, ich bin ä Badener!“ Drauf der Pfarrer: „Mein Sohn, des isch koi Sünd, bloß à Schand!“

Unterschied zwischen Baden und Württemberg: in Württemberg ist die Schulbildung kostenlos, in Baden umsonst.

Was bassiert, wenn d Oschtfriese ausschderbed? Dann send d Badenser de Dümmschde.

Wie lange macht man bei einem Badener, der ertrunken ist, Wiederbelebungsversuche? – Am besten gar nicht.

Gelbfüßler dont Oir in Grättà neischtampfà.

Badener können nicht bis drei zählen!
Wenn nämlich drei Leute kommen,
do sagt der Badener:
„Do chömme zwei mit nonnà mol eim!“

Als der liebe Gott einmal spazieren ging, sah er am Wegrand einen weinenden Mann sitzen. „Worum hülsch?“ fragte er ihn. „Weil i a Schwob be“ klagte der. „Do chan i dir au nit helfa!“ sagte bedauernd der Allmächtige.

In Konstanz ist der Rhein noch blau,
in Mannheim ist er grau,
da fließt ja auch der Neckar rein,
die alte Schwabensau.

Drei Knaben saßen auf einer Bank, der eine roch,
der andere stank. Der dritte noch viel ärger:
das war der Württemberger.

Was isch ä Unglück? Wenn ä Schiff uffm Bodesee vrsinkt mit lutr Schtuegeter druff. Und was isch ä Katastroph? Wenn einer überlebt.

Holet d Wösch und d Maidli ine –
d Schwòbà chömme!

Bei den Badenern geht’s bei der Beerdigung lustiger zu, als bei den Württembergern auf der Fasnet.

Kartengrundlage: Historische TK50 (Blatt L8322, Ausgabe 1963), mit Erlaubnis des Landesvermessungsamtes Baden-Württemberg, AZ: 2851.2-D/4488 vom 15. 11. 2005

Die Karte aus dem Jahr 1963 zeigt – rot markiert – den Verlauf der alten Landesgrenze zwischen Württemberg und Baden in unserer Region. Ausgehend vom Grenzhof am Bodensee verlief sie zunächst am Lipbach, dem Grenzbach, in nördlicher Richtung, bog dann nach Nordosten ab und trennte damit auf der badischen Seite Immenstaad, Kluftern, Efrizweiler, (Ober-)Raderach, Hepbach und Stadel von Fischbach, Unterraderach, Unterteuringen und Bitzenhofen auf der württembergischen Seite ab. Durch die Entstehung des Bodenseekreises im Jahre 1973 und durch die Verwaltungsgemeinschaft zwischen Immenstaad und Friedrichshafen verlor sie auch ihre Bedeutung als Regierungsbezirks-, Kreis- und Gemeindegrenze.

Die Bilder zeigen den Lipbach als Grenzbach, den Grenzhof sowie einen alten Grenzstein zwischen Raderach und Kappelhof. Der Grenzhof war ein 1834 aus Fischbach ausgesiedelter Bauernhof, der nebenbei eine Ziegelei betrieb. 1918 wurde die Grenzhof-Ziegelei von der Zeppelin-Wohlfahrt übernommen, 1976 wurde sie stillgelegt.

Wie die Spottverse beweisen, haben es Badener und Württemberger schwer miteinander. Während die Badener sich gerne als weltoffen und lebenslustig sehen, gelten Schwaben dagegen als zurückhaltend, sparsam und „schaffig“.

Als illustrierender Beleg dafür sei ein kleines und harmloses Beispiel aus dem Herbst 2005 angeführt. Die beiden folgenden Bilder wurden am gleichen Tag aufgenommen und verdeutlichen, dass allein eine Reise von Friedrichshafen nach Konstanz genügt, um zwei verschiedene Welten zu erleben. Beide Fotos zeigen Werbung für Suser. An der Glastür zum Restaurant im Zeppelin-Museum in Friedrichshafen wirbt ein Blatt für „Suser – neuer Wein – Traubenmost aus Italien“, das Viertel zu „2,80 Euro (Zwiebelkuchen 2,50 Euro)“. Das andere Foto aufgenommen in Konstanz an der Gaststätte im Konzilsgebäude wirbt auch: „Feiner, frischer Badischer Suser – Neuer süßer Wein – Teilweise vergorener Traubenmost aus Baden“. Krasser kann der Gegensatz nicht sein: Im württembergischen Friedrichshafen schlotzt man preisbewusst Suser aus dem fernen Italien zu 2,80 Euro das Viertele. Im badischen Konstanz genießt man lebensfroh einen einheimischen feinen, frischen Badischen Suser, einen Traubenmost aus Baden! Prosit!

Diese unterschiedlichen Lebensauffassungen und Selbsteinschätzungen der Badener und Württemberger finden sich auch in ihren Hymnen[2]: dem Badner Lied und dem Württemberger Lied. Der jeweilige „Nationalstolz“ hat bis heute eine gemeinsame Baden-Württemberg-Hymne verhindert, trotz zahlreicher Versuche, eine Hymne zu schaffen, mit denen sich alle Baden-Württemberger identifizieren können.

[2] Es gibt natürlich auch eine Hymne der Hohenzollern, das Hohenzollernlied. Da es aber für die Erhellung des hier dargestellten badisch-württembergischen Konflikts keine weiteren Erkenntnisse bringt, sei für den Interessierten nur auf eine wichtige Quelle hingewiesen, in der alle drei Hymnen zu finden sind: Eckhard John (Hrsg.): Volkslied – Hymne – politisches Lied. Populäre Lieder in Baden-Württemberg. Münster: Waxmann-Verlag 2003.

Das Württemberger Lied

Satz: Nikolai Geršak

Der reichste Fürst

Text: Justinus Kerner 1818,
Melodie: anonym 1801,
Satz von Nicolai Geršak 2005.

DVD I, 1

Preisend mit viel schönen Reden
Ihrer Länder Wert und Zahl,
Saßen viele deutsche Fürsten,
Einst zu Worms im Kaisersaal.

Herrlich, sprach der Fürst von Sachsen,
Ist mein Land und seine Macht,
Silber hegen seine Berge
Wohl in manchem tiefen Schacht.

Seht mein Land in üpp'ger Fülle,
Sprach der Kurfürst von dem Rhein,
Goldne Saaten in den Tälern,
Auf den Bergen edler Wein!

Große Städte, reiche Klöster,
Ludwig, Herr zu Bayern, sprach,
Schaffen, dass mein Land den Euern
Wohl nicht steht an Schätzen nach.

Eberhard, der mit dem Barte,
Württembergs geliebter Herr,
Sprach: Mein Land hat kleine Städte,
Trägt nicht Berge silberschwer;

Doch ein Kleinod hält's verborgen:
Dass in Wäldern noch so groß
Ich mein Haupt kann kühnlich legen
Jedem Untertan in Schoß.

Und es rief der Herr von Sachsen,
Der von Bayern, der vom Rhein:
Graf im Bart! Ihr seid der reichste,
Euer Land trägt Edelstein!

Das Württemberger Lied „Der reichste Fürst", eher bekannt als „Preisend mit viel schönen Reden", war und ist die schwäbische Nationalhymne. Es wurde 1818 von dem Romantiker Justinus Kerner als Ballade geschrieben und zu einer 1801 anonym veröffentlichten Melodie gesungen. Das Lied ist ein Beispiel für ein Gedicht der schwäbischen Dichterschule mit ihren historischen und patriotischen Themen und berichtet eine für Württemberg bedeutsame historische Begebenheit: 1486 erhielt Eberhard im Barte (1445 – 1496), Graf von Wirtemberg-Urach, auf dem Reichstag zu Worms von Kaiser Maximilian I. die Herzogswürde. Er gilt bis heute als der Ahnherr Württembergs, weil er die jahrzehntelange Teilung seines Landes beendete und Kunst und Wissenschaft förderte. Bekannt ist er auch dafür, dass er von einer Pilgerfahrt nach Jerusalem den Wahlspruch „Attempto"[3] und das Symbol der Palme mitbrachte. Beides – Wahlspruch und Palme – führt die 1477 von Eberhard gegründete Universität Tübingen heute noch in ihrem Wappen.

Nicht nur die Tübinger Universität führt das „Attempto"-Wappen, sondern auch ein Cuvéewein aus dem Weingut Herzog von Württemberg. Der Name lädt zum Versuchen ein.

[3] lat. attempto = ich wag's.

Sozialgeschichtlich gibt das Lied Hinweise auf die Situation Württembergs am Anfang des 19. Jahrhunderts vor der Industrialisierung. Damals war Württemberg ein armes Land, ohne Silber und andere Reichtümer, mit kleinen Städten und großen Wäldern.

Von seinem Kerngedanken her stellt das Württemberger Lied mit den Eberhard in den Mund gelegten Worten die Vorlage zur heutigen Baden-Württemberg-Werbung dar:

„Ich, Eberhard im Barte, kann mein Haupt kühnlich jedem Untertan, d. h. allen Untertanen, in Schoß legen." – „Wir, seine Nachfahren, können jedes bzw. alles." Baden-Württemberg-Werbung zu erfinden, ist also gar nicht so schwer, wenn man weiß, wo man schauen muss…

Zudem ist das Lied auch ein Hinweis auf eine typische Charaktereigenschaft der Schwaben, wie Thaddäus Troll, profunder Schwabenkenner, diese sechste Strophe kommentiert: „Das ist typisch Schwäbisch. Wenn schon protzen, dann mit etwas, was nichts kostet." [4]

Auch in Friedrichshafen wurde „Preisend mit viel schönen Reden" gesungen, wie Hansmartin Decker-Hauff in einer Anekdote über König Wilhelm II. und die Königin Charlotte berichtet: „Im Sommer in Friedrichshafen war es irgendwann üblich geworden, dass junge Patrioten, treue Königsanhänger, Schulkinder Ruderboote mieteten und vor das Schloss in Friedrichshafen auf den See ruderten und dort ‚Preisend mit viel schönen Reden' anstimmten. Darauf kam der König, wie der Kuckuck aus der Uhr, auf den Balkon und winkte den Schülern, den jungen Leuten, den alten Leuten, den Männergesangvereinen zu. Das hat sich natürlich in das Herz der Leute eingeprägt. Aber wenn das acht- und neun- und zehnmal am Tag passierte, war der König mitunter doch auch betroffen, ging aber pflichtgetreu jedes Mal hinaus. Die Königin sagte einmal: ‚Ach! Dieses ewige patriotische Gesinge' und wollte nicht mehr auf dem Balkon erscheinen, worauf der König sagte: ‚Auch wenn es das achte Mal heute ist, wir gehen hinaus.' Darauf sagte sie: ‚Nein, sieben ist genug.' Worauf der König nur sagte: ‚Charlotte, für die draußen ist es das erste Mal!' " [5]

Selbst nach dem Ende des Königreichs Württemberg blieb das Lied erhalten und dient bis heute zur Identitätsstiftung, denn es stellt menschliche Werte über materielle: Württemberger sind friedfertig, loyal und leben von ihrem Fleiß.

Das Badner Lied ist keine eigenständige Schöpfung, sondern die regionale Variante eines Sachsenliedes, das voller Stolz die Vorzüge Sachsens bzw. Badens rühmt. In einer Liedersammlung findet sich das Badner Lied zum ersten Mal 1902 als ein Marschlied badischer Soldaten. Bis 1927 wird das Lied überwiegend in militärischen Kreisen gesungen, findet darüber hinaus aber immer mehr Beliebtheit bei Vereinen zum Ausdruck ihrer Heimatverbundenheit. Seit der Auseinandersetzung 1951/52 um die Zusammenlegung von Baden und Württemberg wird es politisiert und bei entsprechenden Veranstaltungen intoniert. Heute ist es jedoch vor allem durch den SC Freiburg bekannt und populär, der es von seinen Fans wie ein Vereinslied singen lässt.

König Wilhelm II. von Württemberg war in Friedrichshafen aufgrund seiner Volkstümlichkeit sehr beliebt, und von manch einer Begegnung mit ihm wird berichtet:

„Oimòl isch er von dr Schlossmauer die Werastròß rauf zum ‚Volksgarten' hochgelaufen. E Frau ging voraus mit'm Leiterwägele und hòd's recht schwer ghabt. Er isch alloi gwä und hòd der Frau helfa schieba das letzschte Stück noch nauf. Dò hòd sie sich fünfzehntausendmòl bedankt und was sie ihm gebe darf und dies und jenes… Dò hòd er ihr dann erklärt, er sei der Wilhelm der Zweite, ob sie ihn nicht kennt, sie brauch ihm nix gebe." [6]

[4] Thaddäus Troll: Preisend mit viel schönen Reden. Hamburg: Hoffmann und Campe. 3. Auflage 1972. S. 5.

[5] Hansmartin Decker-Hauff: Frauen im Hause Württemberg. Herausgegeben von Wilfried Setzler, Volker Schäfer und Sönke Lorenz in Zusammenarbeit mit Andreas Schmauder. Leinfelden-Echterdingen: DRW-Verlag Weinbrenner GmbH & Co. 2. Auflage 1998. S. 278.

[6] aus: Stadt Friedrichshafen (Hrsg.): Lebenszeiten, Lebensorte. Erinnerungen an Friedrichshafen 1900 – 1930. Historisches Lesebuch für die Jugend der Stadt. Schriftenreihe des Stadtarchivs Friedrichshafen Band 3. Friedrichshafen: Verlag Robert Gessler 1993. S. 17.

Das Badner Lied

Satz: Nikolai Geršak

DVD I, 2

Text + Melodie: Volksweise,
Satz von Nicolai Geršak.

Das Badner Lied

Das schönste Land in Deutschlands Gau'n
Das ist mein Badnerland,
Es ist so herrlich anzuschau'n,
Und liegt in Gottes Hand.

Refrain: Drum grüß ich Dich mein Badnerland,
Du edle Perl in deutschem Land.
Frisch auf, frisch auf, frisch auf, frisch auf,
Frisch auf, frisch auf, mein Badnerland!

Alt Heidelberg, du feine,
Du Stadt an Ehren reich,
Am Neckar und am Rheine,
Kein' andre kommt dir gleich!

In Karlsruh' ist die Residenz,
In Mannheim die Fabrik,
In Rastatt ist die Festung,
Und das ist Badens Glück!

Bei Haßlach gräbt man Silbererz,
In Freiburg wächst der Wein,
Im Schwarzwald schöne Mädel sind,
Ein Badner möcht ich sein.

Der Bauer und der Edelmann,
Das liebe Militär,
Die schau'n einander freundlich an,
Und das ist Badens Ehr'.

Und Konstanz liegt am Bodensee,
Durchströmt vom jungen Rhein,
Des Hegaus Berge winken ihm
Im goldnen Sonnenschein!

Kennen Sie das Badner Lied und/oder das Württemberger Lied?

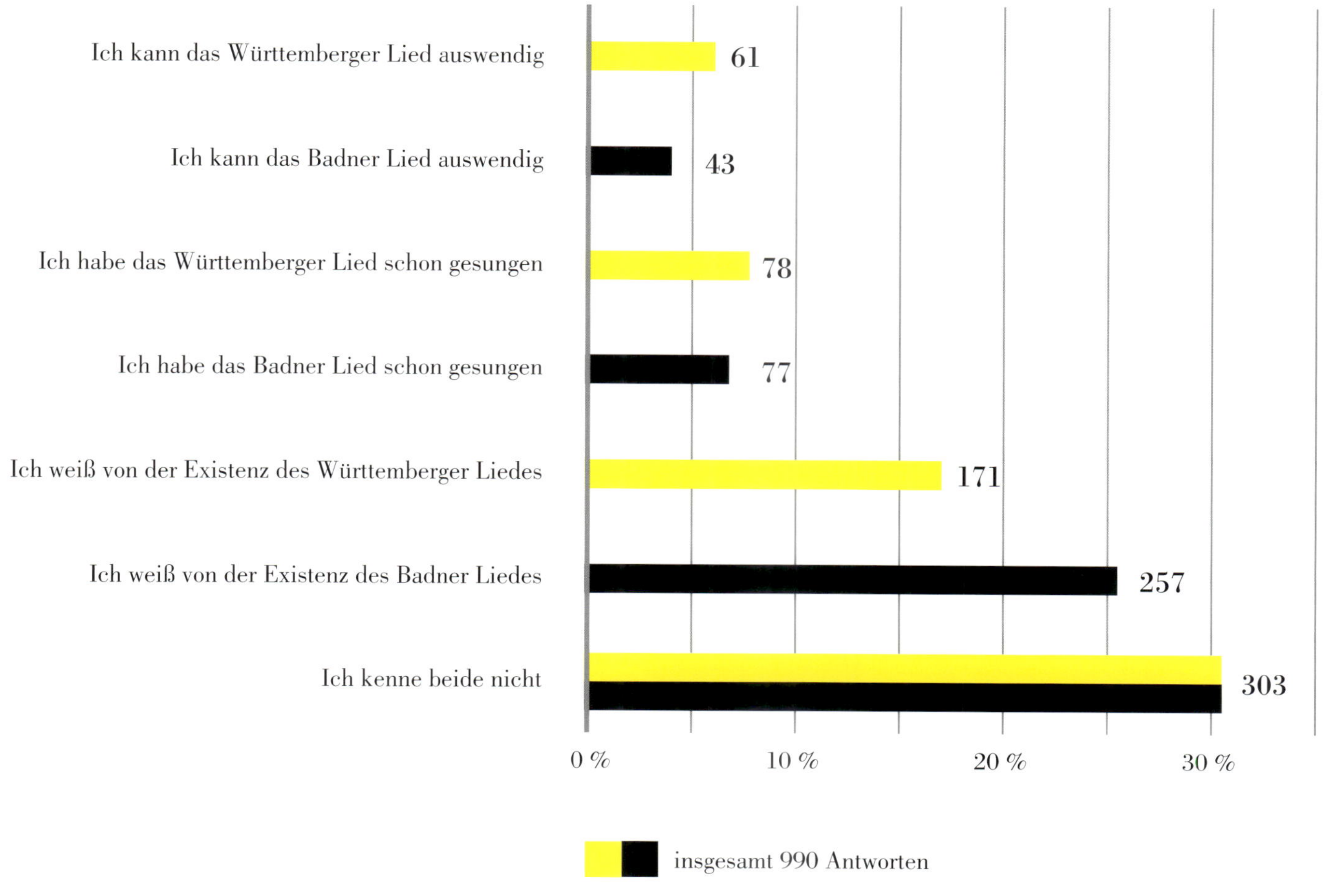

Ergebnis der KMG-Umfrage von Januar bis März 2005

II. Von Alemannen und Schwaben

Noch einmal zurück zum Anfang von Kapitel I. Auf Seite 11 stimmt nämlich etwas nicht. Haben Sie es beim Lesen schon bemerkt? Nicht dass wir Sie böswillig hereinlegen und falsch informieren wollten, nein, wir haben nur die gängigen Vorstellungen über Badener und Württemberger wiedergegeben. Aber wo genau liegt der Fehler?

Der Fehler liegt darin, dass in der Öffentlichkeit allzu schnell folgende Gleichung aufgestellt wird: Badener sprechen Badisch und Württemberger schwätzen Schwäbisch.

Mit der Logik des ersten Teilsatzes könnte man weiter schließen: Wenn Badener Badisch sprechen, dann schwätzen Württemberger Württembergisch.

Letztere Behauptung, dass Württemberger Württembergisch schwätzen, werden Sie sofort als falsch ablehnen. Richtig ist: Württemberger schwätzen Schwäbisch. Und das ist deshalb ganz klar, da der Begriff „württembergisch“ eine politische Einheit darstellt und keine Sprache bezeichnet.

Und die Badener? Auch hier bezeichnet der Begriff „badisch“ – richtig verwendet – eine politische Einheit und keine sprachliche!

Also: Badener sprechen nicht Badisch, sondern im Süden Alemannisch bzw. im Norden Fränkisch.

Sollen wir es Ihnen beweisen? Machen wir gleich, bitte noch etwas Geduld. Zuvor aber die Korrektur auf Seite 11:

„Also sprechen Immenstaader, Klufterner, Efrizweiler und Markdorfer ~~Badisch~~ Alemannisch. Fischbacher, Friedrichshafener, Ailinger, Unterteuringer und Oberteuringer dagegen sprechen Schwäbisch.“

Stimmt's jetzt? Nein! Die Sentenz stimmt immer noch nicht ganz, was aber jetzt nicht mehr auf der badischen Seite des Satzes liegt. Das Problem liegt auf der württembergischen Seite, wo man ja – wie wir glaubhaft hergeleitet und versichert haben – Schwäbisch schwätzt. Aber hier schwätzen gar nicht alle Schwäbisch. Sondern auch Alemannisch! Bodensee-Alemannisch!

Wie? Sie glauben jetzt gar nichts mehr? Also hier der wissenschaftliche Beweis. Eine Karte des Landesvermessungsamtes aus dem Historischen Atlas von Baden-Württemberg. Die Karte XII.7 „Raumgliederung der Mundarten um 1950“ fasst Untersuchungen aus den Jahren 1926 bis 1982 zusammen und nimmt als Jahresmittel somit das Jahr 1950 an.

Nach dieser wissenschaftlichen Karte umgibt ein etwa 25 bis 30 Kilometer breiter Korridor den nördlichen Bodensee, in dem nicht Schwäbisch, sondern Bodensee-Alemannisch gesprochen wird, womit Friedrichshafen wie Immenstaad im alemannischen Sprachraum liegt. Die alte politische Landesgrenze zwischen Baden und Württemberg hat demnach für die Mundartregion keine Bedeutung!

Jetzt werden Sie sagen: „Die Karte stimmt nicht. Denn in Friedrichshafen spricht man doch Schwäbisch und nicht Alemannisch! Also müsste die Karte in Friedrichshafen den schwäbischen Dialekt auch farblich ausweisen.“ [1] Antwort: „Ja, die Mehrheit der dialektsprechenden Häfler spricht Schwäbisch.“ Wenn man aber genau hinhört, findet man auch alteingesessene „Ureinwohner“, die das See-Alemannische noch (!) beherrschen – auch wenn es mittlerweile sehr wenige sind.

[1] Im Beiwort zur Karte XII.7 „Raumgliederung der Mundarten um 1950“ beschreibt Karlheinz Jakob eine Schwierigkeit bei der Erstellung der Karte: „Ferner tritt das Sprachbild der großen Städte nicht angemessen heraus, da das Problem der Stadtsprachen eigene Forschungsmethoden und -überlegungen erfordert.“

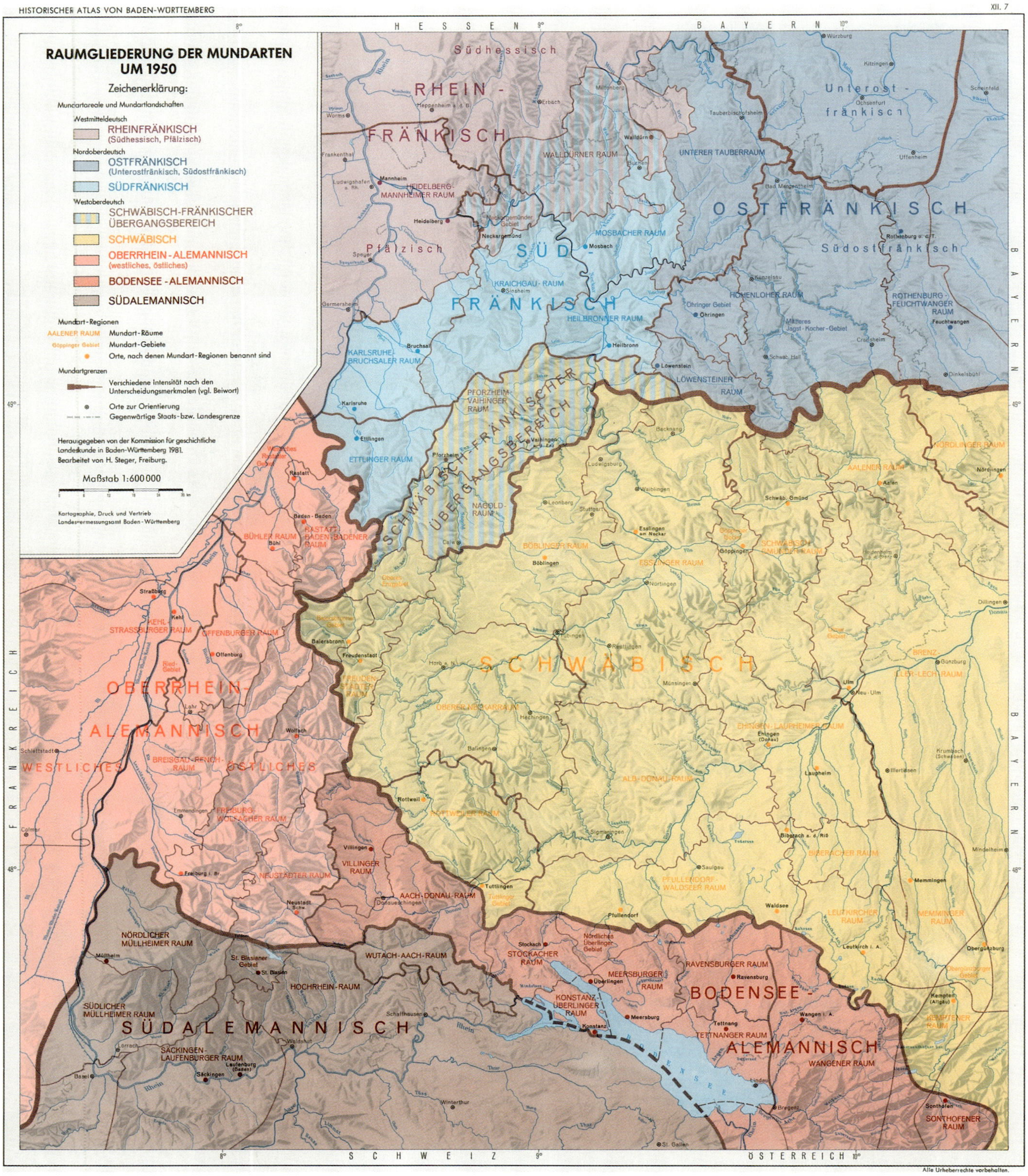

Kartengrundlage: Historischer Atlas Blatt XII.7 (Raumgliederung der Mundarten um 1950) mit Erlaubnis des Landesvermessungsamtes Baden-Württemberg, AZ: 2851.2-D/4488 vom 15. November 2005.

Wie es dazu gekommen ist, dass man in Friedrichshafen ursprünglich das Bodensee-Alemannisch gesprochen hat und warum dieser Dialekt heute weitgehend verschwunden ist, soll ein Ausflug in die Sprach-Geschichte des Landes und der Stadt verdeutlichen:

Wie nicht anders zu erwarten, sind die Anfänge der schwäbisch-alemannischen Geschichte bei den alten Römern verzeichnet: Erstmals erwähnt Julius Caesar im 1. Jahrhundert v. Chr. die Sueben (lat. Suevi), eine Gruppe westgermanischer Völker, der auch die Alemannen angehörten. Caesar berichtet, dass sie östlich des Rheins ihr Stammesgebiet hatten.

Ursprünglich an der Elbe und der Ostsee[2] ansässig, breiteten sie sich seit dem 2. Jahrhundert v. Chr. in Richtung Süden und Südwesten bis ins Maingebiet und nach Süddeutschland aus. Die Alemannen siedelten sich im 3. bis 5. Jahrhundert n. Chr. im Südwesten Deutschlands an.

Spätestens ab dem 9. Jahrhundert n. Chr. werden die Bezeichnungen „Alemannen“ und „Schwaben“ synonym verwendet, wie Walahfrid Strabo, der Abt des Klosters Reichenau (808 – 849), im Vorwort seiner Gallus-Vita bemerkt: *„Ab incolis nomen patriae dirivemus et Alamanniam vel Sueviam nominemus. Nam cum duo sint vocabula, unum gentem significantia. Priori nomine nos appellant circumpositae gentes, quae Latinum habent sermonem; sequenti usus nos nuncupat barbarorum.“* Auf Deutsch: „Von den Bewohnern wollen wir den Namen der Heimat herleiten und sie Alamannia (Alemannien) oder Suevia (Schwaben) heißen. Es gibt also zwei Namen, die ein Volk bezeichnen: Mit dem ersten Namen benennen uns die umliegenden Völker, die Latein sprechen, mit dem zweiten pflegen uns die Barbaren zu bezeichnen.“[3]

Hilfreich für das Verständnis der heutigen sprachlichen Phänomene in unserer Region ist ein Blick auf das Herzogtum Schwaben. Seine größte Ausdehnung erreichte es unter den Staufern, die von 1079 bis 1268 regierten.

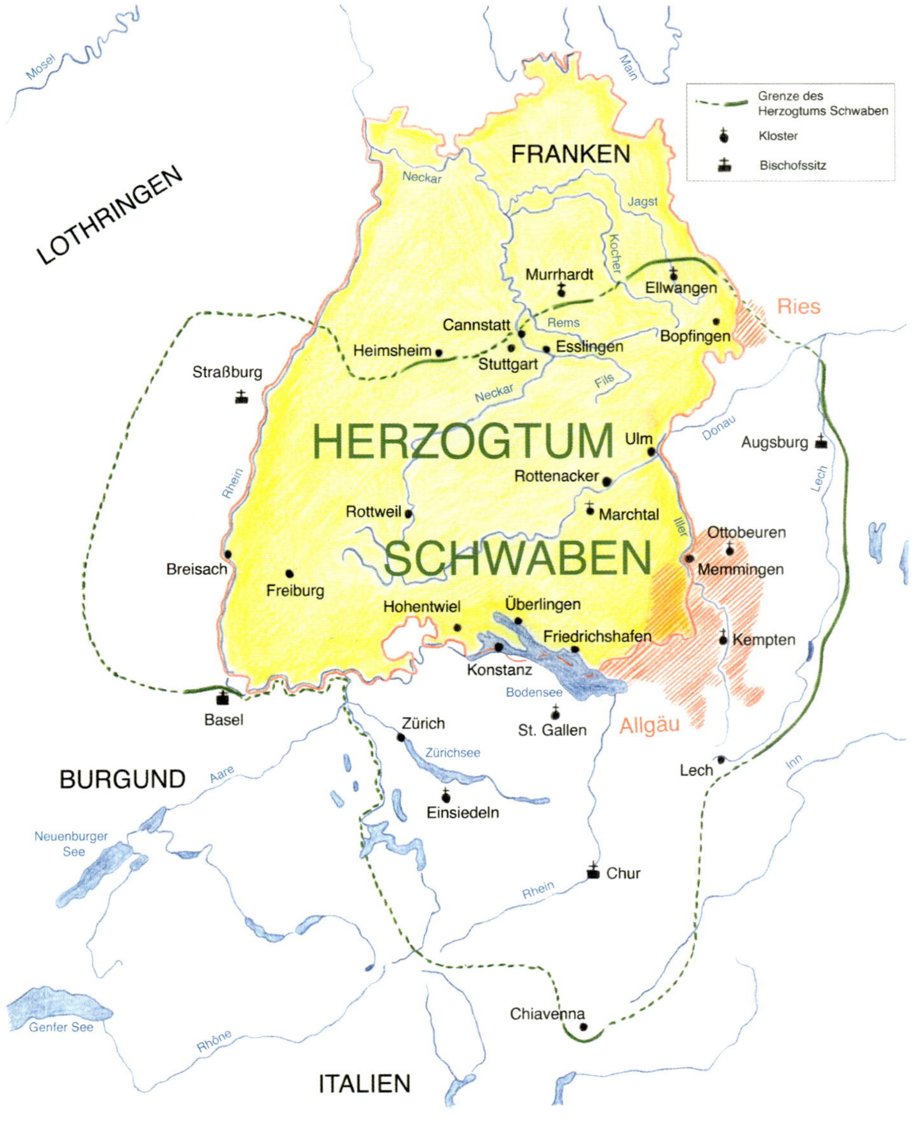

Die Karte des Herzogtums Schwaben verdeutlicht, wo im Mittelalter der Einflussbereich der alemannischen Sprache der Stauferzeit war. Die Grenzen des Herzogtums erklären auch, warum man im Norden Baden-Württembergs Fränkisch spricht, in Bayrisch-Schwaben Schwäbisch und in der Schweiz und Vorarlberg Alemannisch.

[2] Auf alten römischen Karten wird die Ostsee als „Mare Suebicum“, als „Schwäbisches Meer“ bezeichnet. Der Bodensee hieß dagegen u. a. „Lacus Brigantinus“, „Bregenzer See“. Interessant ist die Tatsache, dass die Sueben auf ihr „Mare Suebicum“ nicht verzichten konnten und ersatzweise den Bodensee in „Schwäbisches Meer“ umtauften.

[3] Zitiert nach Gerhard Raff: Die schwäbische Geschichte. Stuttgart, Leipzig: Hohenheim-Verlag. 2. Auflage 2003. S. 168.

Marlies Grötzinger hat sich der Geschichte der sieben Schwaben angenommen und sie ins Schwäbische übersetzt. So spricht jeder der sieben Spießgesellen seinen Heimatdialekt. Dem Bopfinger Gelbfiaßler kommt nur „Riaserisches" über die Lippen, der Überlinger Seehas schwätzt Alemannisch. Das Büchlein ist für den Freund dialektaler Sprachgestaltung höchst empfehlenswert.

Zur Stauferzeit war die Sprache der Alemannen und Schwaben noch nicht geschieden. Schwäbisch und Alemannisch waren zwei Bezeichnungen für ein und dieselbe Sprache. Vom 13. Jahrhundert an breiteten sich die sprachlichen Veränderungen vom Mittel- zum Neuhochdeutschen vom Bairischen (Bairisch mit i, wenn man die Sprache meint!) her aus und setzten sich im Laufe der Jahrhunderte in Süd- und Mitteldeutschland durch. Nur in den Gebieten des heutigen Alemannischen und der niederdeutschen Dialekte blieb der alte Sprachstand erhalten. An einem einfachen Beispielsatz verdeutlicht: Den alten alemannischen Sprachstand erkennt man in dem Satz „Miin Ma' isch im Huus gsi" besonders an den langen i- und u-Lauten. Wird der gleiche Satz so gesprochen: „Mei' Ma' (Mo') isch em Hous gsae / gwea / gweasa", dann ist er heutiges Schwäbisch.[4] Trotzdem handelt es sich für uns immer noch um den gleichen Dialekt, der eben in zwei Ausprägungen vorliegt.

Kennen Sie die Sage von den sieben Schwaben? Und wissen Sie, wie die einzelnen Spießgesellen heißen und woher sie stammen?

Der *Seehas* kommt aus Überlingen (und nicht aus Friedrichshafen),
der *Nestelschwab* stammt aus Freiburg,
der *Gelbfüßler* ist nicht, wie mancher aus Unkenntnis urteilen könnte, ein Badener, sondern ein Bopfinger,
der *Knöpflesschwab* findet sich im Ries,
den *Blitzschwab* trifft man auf dem Lechfeld,
der *Spiegelschwab* ist ein Memminger und
beim *Allgäuer* ist auch klar, woher er kommt.

Nach heutigem Verständnis wären zwei der sieben Spießgesellen Badener, drei wären Bayern und nur zwei wären württembergische, also vermeintlich „echte" Schwaben. Die Sage von den sieben Schwaben entstammt aber dem späten Mittelalter und „Schwaben" bezeichnet hier das Herzogtum Schwaben – womit diese Sage auch als Beleg für ein weiteres und umfassenderes Verständnis des Begriffes Schwaben zu sehen ist.

Der Tod des letzten Staufers Konradin im Jahre 1268 leitete die territoriale Auflösung des Herzogtums ein. Gebietsmäßig profitiert haben davon vor allem die Grafen von Württemberg, die Reichsritterschaft und die Reichsstädte, aber auch die Habsburger mit ihren vorderösterreichischen Besitzungen, die darüber hinaus über Jahrhunderte die Kaiser des Heiligen Römischen Reiches deutscher Nation stellten.

Ab dem 15. Jahrhundert war Wien die ständige Hauptstadt des Reiches, und die Hauptstadt zog unter anderen viele Schwaben an. So auch den berühmten kaiserlichen Oberhofprediger Abraham a Sancta Clara (1644 – 1709), geboren in Kreenheinstetten (bei Messkirch) in der schwäbischen Landgrafschaft Fürstenberg, das später zu Baden geschlagen wird. Oder den als „Schwäbischen Cicero" bekannten Obermarchtaler Prämonstratenser-Chorherrn Sebastian Sailer (1714 – 1777), der am 12. Juni 1767 in Wien die St.-Ulrichs-Predigt für die schwäbische Landesgenossenschaft hielt, wonach er von der Kaiserin Maria Theresia zu einer Privataudienz empfangen wurde. In dieser „Lobrede auf den heiligen Udalrich, großen Bischof zu Augspurg, als das Urbild eines weisen Schwaben" spricht er naturgemäß auch über sein Schwaben:

„Schwaben ist unter die vorzüglichsten Staaten Deutschlandes zu rechnen. Es ist groß, weil es sich gegen Osten an Bayern, gegen Süden an Tyrol und die Schweiz, gegen Westen an das Elsaß, und gegen Norden an die Unterpfalz und Franken erbreitet. Es ist heldenmäßig, da es in alten Zeiten sich der römischen Gewalt am längsten, am standhaftesten entgegen setzte; da es

[4] Mit dieser Unterscheidung haben wir in unserer Umfrage nach Häfler See-Alemannen gesucht und Gott sei Dank auch gefunden, weil wir nur mit ihrer Hilfe das Häfler Lexikon zusammenstellen konnten. Siehe dazu die Seiten 55 – 72. Den Satz und andere grundlegende Erkenntnisse haben wir entnommen aus dem lesenswerten Buch von Norbert Feinäugle und Hermann Fischer: „Wie dr Schwob schwätzt". Leinfelden-Echterdingen: DRW-Verlag. 2. Auflage 2003. S. 20 ff.

so vielen Kaisern, die ihre Krone mit Lorbern umflochten, die Geburt und Erziehung gab; da es so viele Helden aufzog, derer Namen in Schwabens Jahrbüchern glänzen. Es ist edel, da in ihm die herrlichsten Stammbäume der ältesten herzoglichen, fürstlichen, gräflichen und freyherrlichen Geschlechter, wie die Ceder auf dem Liban, und die Palmen in Cades wuchsen, und noch hie und da blühen. Es ist prächtig, da es mit dem obigen eine beträchtliche Anzahl der Reichsprälaten, der Menge Reichsstädte mit ihren Herrlichkeiten in öffentlichen Comitien und Landtägen aufweiset. Es ist glückselig, weil es unter seinen Reichsstaaten auch die kaiserlichen königlichen österreichischen Vorlande zu Mitbürgern zählet. Es ist fruchtbar, da in ihm nicht nur die reichlichste Nahrung in unabsehbaren Ebenen sowohl, als auf den steilsten Bergen wächset; sondern auch Würtenberg, das Paradies Sueviens, die besten Weine zeuget. Es ist heilig, wie wir in seinen Nekrologien lesen, und wie wir es in der Geschichte der zweyen weit ausgedehnten Bistümer, Costanz und Augsburg, auch in den Schriften der wohlregulirten Gotteshäuser finden. Es ist weise, es ist gelehrt, wie es seine hohen Schulen, die Pflanzörter der Wissenschaften und freyen Künste, bezeugen.

Theure Brüder! Die Rechtschaffenheit, und die kündigen Thaten unserer Voräteren sowohl, als noch sehr vieler unserer Mitbrüder, haben die glücklichen Eigenschaften der Schwaben unzweifelhaft bestimmet, und so bestimmet, daß man ihren Werth in den entferntesten Ländern niemals verkannte. Ich komme aus Schwaben, und ich komme von dem Mittelpunkte desselben, welcher der erhabene und geheiligte Busenberg ist.“

Sebastian Sailer sieht 1767 Schwaben noch als eine vom Elsaß bis Bayern reichende zusammenhängende Region, in der – wie Sailer mit gewissem Eigenstolz betont – der Wallfahrtsort Bussen bei Riedlingen der Mittelpunkt Schwabens ist.

Auch für die Mundart gilt, dass man bis zum Beginn des 19. Jahrhunderts die Verwandtschaft von Alemannisch und Schwäbisch sah und beide als unterschiedliche Ausprägungen eines Dialektes empfand.

Die Veränderung bzw. Verengung des Territorialbegriffes „Schwaben“ nimmt seinen Anfang mit Napoleon, als auf seine Veranlassung hin im Jahre 1806 das Großherzogtum Baden und das Königreich Württemberg geschaffen wurden. Aus Friedrich II., dem Herzog von Wirtemberg, wurde Friedrich I., König von Württemberg, ein König von Napoleons Gnaden. Sein Herrschaftsgebiet Alt-Württemberg umfasste 1789 nur etwa ein Viertel des Gebietes des späteren Württemberg.

Mit der Erhebung zum Königreich wurden die freien Reichstädte, Klöster, die Gebiete Vorderösterreichs und die bisher selbstständigen Fürstentümer Württemberg zugeschlagen. Nur Hohenzollern blieb selbstständig, bis es 1849 zu Preußen kam.

Mit dieser politischen Neugliederung stellte sich vor allem zwischen dem Königreich Württemberg und dem Großherzogtum Baden eine Rivalität[5] ein, womit der Jahrhunderte lang verbindende territoriale Oberbegriff „Schwaben“ nicht mehr gefragt war.

Als Johann Peter Hebel 1803 seine „Alemannischen Gedichte“ veröffentlichte, trug dieser Titel mit dazu bei, dass sich allmählich ein alemannisches Sonderbewusstsein entwickelte, mit dem eine Abgrenzung zum Schwäbischen und zu den Schwaben einherging.

Umgekehrt gab es auch bei den württembergischen Dichtern und Literaten eine Hinwendung zum Schwäbischen im Sinne von (Alt-)Württembergisch. Die schwäbische Nationalhymne „Preisend mit viel schönen Reden“ ist das Beispiel par excellence dafür.

Sebastian Sailer auf einem Stich von Gottfried Bernhard und Franz Regis Göz. Augsburg um 1760. Sailer wurde für seine umfassende Tätigkeit als theologischer Schriftsteller und als Kanzelredner mit der Ehrung „Schwäbischer Cicero“ ausgezeichnet. Darüber hinaus verfasste er biblische Komödien und Schwänke, so auch „Die sieben Schwaben“, in schwäbischem Dialekt.

[5] Ein eher unspektakuläres, aber auf seine Art doch aussagekräftiges Beispiel sei angeführt: Nachdem der württembergische König Friedrich I. Buchhorn und Hofen im Jahre 1811 zu seinem Seehafen, genannt „Friederichs Hafen“ – Friedrichshafen –, vereinigt hatte, folgte auf badischer Seite Großherzog Ludwig 1826 mit der Umbenennung des Ortes Sermatingen in „Ludwigs Hafen“ – Ludwigshafen – nach.

III. Von alteingesessenen Alemannen und von „reingschmeckten“ Schwaben

1. Teil: Wià d Hofinger und Buchhorner no Seealemannisch gschwätzt hond

Bissula

Historischer Roman aus der Völkerwanderung

(a. 378 n. Chr.)

Die Geschichte Friedrichshafens beginnt – nach keltischer und römischer Vorgeschichte – mit der alemannischen Landnahme im 3. Jahrhundert n. Chr. Die erste alemannische Siedlung wurde wohl zwischen 270 und 300 n. Chr. im Bereich der heutigen Werastraße errichtet. Und wie schwätzten die suebischen Alemannen aus der Werastraße? Alemannisch!

Die erste urkundliche Erwähnung findet diese Siedlung 838 als Buachihorn, womit das erste Buchhorn in Hofen lag, also – aus heutiger Sicht betrachtet – die Hofinger die ersten und richtigen Buchhorner waren.

Das spätere Buchhorn im Bereich der heutigen Friedrichshafener Altstadt war – mit großer Wahrscheinlichkeit – eine Staufergründung. Viele der neuen Bürger stammten aus dem ersten Buchhorn, also zogen die alten Hofinger Buchhorner ins neue Buchhorn. Die neue Stadt wurde 1275 zur Reichsstadt erhoben, blieb aber – im Vergleich zu den anderen Reichsstädten – ein eher armes und unbedeutendes Städtchen am Bodensee. Und die Bürger dieser kleinen schwäbischen Reichsstadt schwätzten gleichermaßen Alemannisch!

Auch als sich ab dem 13. Jahrhundert das heutige Schwäbisch aus dem Alemannischen weiterentwickelte, blieb die Sprache in Buchhorn und Hofen am Bodensee Alemannisch, sozusagen „Altschwäbisch“, und machte diese Sprachveränderung nicht mit. Nach wie vor bezeichnete und fühlte man sich als Schwaben. Und als Schwaben konnte und durfte man sich natürlich über andere Schwaben lustig machen, wie folgendes Lied beweist:

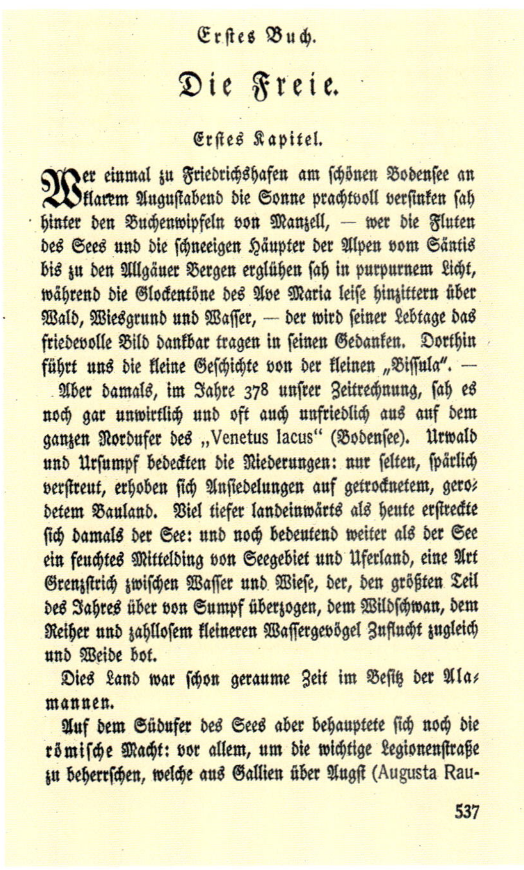

Erstes Buch.

Die Freie.

Erstes Kapitel.

Wer einmal zu Friedrichshafen am schönen Bodensee an klarem Augustabend die Sonne prachtvoll versinken sah hinter den Buchenwipfeln von Manzell, — wer die Fluten des Sees und die schneeigen Häupter der Alpen vom Säntis bis zu den Allgäuer Bergen erglühen sah in purpurnem Licht, während die Glockentöne des Ave Maria leise hinzittern über Wald, Wiesgrund und Wasser, — der wird seiner Lebtage das friedevolle Bild dankbar tragen in seinen Gedanken. Dorthin führt uns die kleine Geschichte von der kleinen „Bissula“. —

Aber damals, im Jahre 378 unsrer Zeitrechnung, sah es noch gar unwirtlich und oft auch unfriedlich aus auf dem ganzen Nordufer des „Venetus lacus“ (Bodensee). Urwald und Ursumpf bedeckten die Niederungen: nur selten, spärlich verstreut, erhoben sich Ansiedelungen auf getrocknetem, gerodetem Bauland. Viel tiefer landeinwärts als heute erstreckte sich damals der See: und noch bedeutend weiter als der See ein feuchtes Mittelding von Seegebiet und Uferland, eine Art Grenzstrich zwischen Wasser und Wiese, der, den größten Teil des Jahres über von Sumpf überzogen, dem Wildschwan, dem Reiher und zahllosem kleineren Wassergevögel Zuflucht zugleich und Weide bot.

Dies Land war schon geraume Zeit im Besitz der Alamannen.

Auf dem Südufer des Sees aber behauptete sich noch die römische Macht: vor allem, um die wichtige Legionenstraße zu beherrschen, welche aus Gallien über Augst (Augusta Rau-

537

Der Geschichtsforscher, Rechtsgelehrte und Schriftsteller Felix Dahn (1834 – 1912), der vor allem durch seinen historischen Roman „Ein Kampf um Rom“ bekannt ist, verkehrte auch in Friedrichshafen und ließ sich durch die Entdeckung der Grundmauern eines römischen Hauses in Jettenhausen zu seinem Roman „Bissula“ inspirieren. Der Roman ist „Allen braven Schwäbinnen“ gewidmet und handelt von dem Schwabenmädchen Bissula. Die Geschichte spielt zur Zeit der alemannischen Landnahme im Gebiet des heutigen Friedrichshafens. Der Roman ist heute nur noch antiquarisch zu erhalten.

Augsburger narren sich[1]

DVD III, 1

1. Augsburger narren sich
mit eitlem Kleidertand,
was gut's an Ulmern ist,
das weiß das ganze Land.

2. Wer nicht recht handeln kann,
gibt keinen Biberacher;
Lindauer, wie man weiß,
sind gute Kindermacher.

3. Ein Dorf ist Pfullendorf,
weil Bauern wohnen dort;
wem Buchau schuldig ist,
bekommt kein gutes Wort.
4. Buchhorner bleiben stets
bei ihrem alten Springen;
die Überlinger sind
vom Glas nicht wegzubringen.

5. Den Ravensburgern macht
ihr Mammon viel zu schaffen;
Kaufbeuren zanket sich
stets um zwei kahle Pfaffen.

6. Hat Wangen Fried und Ruh,
so hat's die ganze Welt;
in Isny es niemal
an einem Schelmen fehlt.

7. Wo es ans Lügen geht,
ist Kempten fast der Kern;
das pietistisch Volk
wohnt bei den Memmingern.

8. Leutkircher lassen sich
beim braunen Bier begraben.
Ist das nicht artig Volk
Um diese liebe Schwaben?

[1] Der Liedtext stammt aus dem Liederbuch Wogau 1788 und ist in heutigem Schriftdeutsch abgedruckt in einem Werk, das in einem musikalischen (ober)schwäbischen Haushalt nicht fehlen sollte: Berthold Büchele: „Schwäbisch g'sunge. Lieder und Bräuche aus Oberschwaben und dem Allgäu". Hrsg. von der Arbeitsgemeinschaft Heimatpflege im württembergischen Allgäu. Verlag: Verein zur Pflege von Heimat und Brauchtum Ratzenried e.V. Herstellung und Vertrieb: Rud. Roth & Cie KG Leutkirch. 2000. S. 23 f. Die Melodie hat Berthold Büchele komponiert.

Die Buchhorner, die „stets bei ihrem alten Springen“ und damit auch bei ihrem alten Alemannisch blieben, bestritten ihren Lebensunterhalt vornehmlich als Bauern, Handwerker, Fischer, Schiffsleute – und als Winzer[2]. 1758 besaß die freie Reichsstadt noch 122 Rebgüter, die Propstei Hofen baute im Umkreis des Klosters Hofen Wein an. Der Bodenseewein wurde allerdings allgemein als sauer, ja ungenießbar verspottet.

Der bereits genannte Sebastian Sailer spielt in seiner auf Schwäbisch verfassten biblischen Komödie „Der Fall Luzifers in zwey Aufzügen“ auf die mäßige Qualität des Bodenseeweins an. Gott Vater verdonnert den abtrünnig gewordenen Luzifer zur Strafe zum Weintrinken:

Gott Vater (im Sailerschen Original)

Gugg dótta as seall Glas Wei,
vom Sai ischt as. Jetz glei trinks nei!

Noah laß ich für áll deine G’schpana
an frischa raus lauffa ussam Hana,

daß ar wearat krumm und lahm uf álla Vieara,
oder müessat gar wia d Hund krebbiera.

Gott Vater (in schriftdeutscher Übersetzung)

Sieh dort das Glas Wein da,
Vom (Boden-)See ist es: Jetzt trinke es gleich aus!

Danach lass ich für alle deine Gefährten
einen frischen (Wein) aus dem Hahnen herauslaufen,

dass ihr krumm und lahm auf allen Vieren werdet
oder wie die Hunde krepieren müsst.

Der Gemarkungsplan von Buchhorn und Hofen aus dem Jahre 1755 des Ravensburger Geometers Friedrich Gradmann zeigt die damalige Besiedlung der heutigen Stadt Friedrichshafen mit etwa 470 Einwohnern sowie die Flächennutzung mit Wiesen, Weiden, Äckern und Weinanbau. Auffallend die damalige Größe des „Riedle-Holtzes“, das seine Verlängerung im Schwaertz-Hoeltzle fand, dessen Nordspitze als das heutige „Geißenwäldle“ erhalten geblieben ist.

[2] Eine umfassende Chronik und profunde Darstellung des Weinbaus in Friedrichshafen hat Ernst Haller geschaffen. Ernst Haller: Seewein. Die Geschichte des Weinbaus in und um Friedrichshafen. Friedrichshafen: Verlag Robert Gessler 2005.

2. Teil: Wià d Hofinger und Buchhorner ihr Seealemannisch verlerned hond

Bis zum Ende des Heiligen Römischen Reiches blieb das Alemannische die Mundart der Buchhorner und Hofener. Daran konnte das wechselvolle Geschick der kleinen katholischen Reichsstadt und des Klosters mit Stadtbränden, Kriegszerstörungen, Pest und Tod nichts ändern.

Erst mit den durch Napoleon verursachten großen politischen Umwälzungen, die unter anderem zur Bildung des Königsreiches Württemberg und des Großherzogtums Baden führten, wurde eine Entwicklung in die Wege geleitet, die insbesondere im heutigen Friedrichshafen das Alemannische weitgehend verdrängt hat.

Den Beginn dieser Entwicklung leitete der Wille des württembergischen Königs Friedrich I. ein, in seinem neugeschaffenen Königreich auch einen Handelshafen am Bodensee für den Warenverkehr mit der Schweiz zu besitzen.

Nro. 35. 1811. 365

Königlich-Württembergisches

Staats- und Regierungs-Blatt.

Samstag, 27. Jul.

Königl. Verordnung, die Stadt Friederichshafen betreffend.

Se. Königl. Maj. haben durch ein allerhöchstes Rescript vom 17. Jul. den Ort Hofen mit der Allerhöchstdenselben von der Krone Baiern abgetretenen Stadt Buchhorn so zu vereinigen geruht, daß künftighin beide nahe an einander gelegene Ortschaften den Namen Schloß und Stadt Friederichs-Hafen führen, und gleiche Rechte und Gerechtsame genießen sollen. Die nunmehr combinirten Häfen der Stadt Friederichshafen sind zu Freihäfen erklärt worden.

Quelle: Fritz Maier: Friedrichshafen. Heimatbuch. Band 1. Friedrichshafen: Verlag Robert Gessler. 3. Auflage 1994. S. 144.

Am 17. Juli 1811 wurden der Ort Hofen und die Stadt Buchhorn zu „Schloß und Stadt Friederichs = Hafen“ vereinigt. Die Stadt zählte damals etwa 750 Einwohner.

König Friedrich I. förderte die Stadt, die seinen Namen trug, in besonderem Maße. Er ließ ein Stadtentwicklungs- und Ansiedlungsprogramm ausarbeiten, das Neusiedler von Steuern und Militärdienst befreite. Zu diesen Ansiedlern zählten auch 18 evangelische Neubürger, die in die bis dahin vollständig katholische Gemeinde kamen. König Friedrich I. überließ ihnen am 26. August 1812 die barocke Hofener Schlosskirche als evangelisches Gotteshaus. Von 1812 bis 2000 stieg die Zahl der evangelischen Bürger Friedrichshafens auf etwa 13 000 – ein entscheidender Faktor für die Veränderung der Dialektverhältnisse!

König Friedrichs Sohn und Nachfolger Wilhelm I. erfüllte die Verpflichtung seines Vaters, die Stadt in ihrer Entwicklung voranzubringen, indem er 1824 das Schloss Friedrichshafen zu seiner Sommerresidenz erklärte und im gleichen Jahr mit dem Dampfschiff „Wilhelm“ die Bodenseedampfschifffahrt begründete. Das Königshaus Württemberg – und nach dem Ende der württembergischen Monarchie im Jahre 1918 das Haus Württemberg – hatte wohl den größten Einfluss auf die Stadtentwicklung und damit auf die Sprachentwicklung in der Stadt. Letzteres allerdings nur indirekt. Die königliche Sommerresidenz bescherte Friedrichshafen in den Sommermonaten eine stattliche Zahl von Ministern, Beamten und Hofangestellten. Diese quartierten sich zum Teil zeitweise in Friedrichshafen ein, zum Teil ließen sie sich mit ihren Familien auch ganz in Friedrichshafen nieder. Darüber hinaus zog der Hof Bürger und Sommerfrischler an, die die Nähe zum Königshaus und zum Hofstaat suchten, um sich im Glanz der „erlauchten Hoheiten“ zu sonnen. So wurde Friedrichshafen bald zu einem der beliebtesten Ferienorte Württembergs. Die königliche Sommerresidenz mit einem königlichen Hofstädtchen bedurfte selbstverständlich einer dem Königshause und den Honoratioren angemessenen Sprache. Dieser Umstand und die Tatsache, dass die Einwohnerzahl sich von der Stadterhebung im Jahre 1811 (750 Einwohner) bis 1846 (1571 Einwohner) durch Zuzug von Neubürgern aus dem Königreich mehr als verdoppelte, bewirkte, dass innerhalb von 35 Jahren den alteingesessenen Seealemannen eine etwa gleich große Zahl von Bürgern aus dem ganzen Land gegenüberstand, die überwiegend Schwäbisch schwätzten – zum guten Teil Honoratiorenschwäbisch.

In den ersten Jahren der neuen Stadt Friedrichshafen kam es immer wieder zu Sticheleien zwischen Alteingesessenen und Neubürgern. Eine Anekdote erzählt, dass im Gasthaus „Kreuz“ wieder einmal alte Seealemannen zusammensaßen und sich an die gute Zeit erinnerten, wo es noch keine „Reingschmeckten“ aus dem Unterland in der Stadt gab.
Da widersprach ein Neubürger: „Was wollet Ihr saga! Als i in dr Hafa komma ben, hat's in dr ganza Stadt no an koinr Dür a Schloss und an Schlissel ghet!“ Darauf entgegnete der alteingesessene Wirt: „Eh, do – mir hond keine Schlösser und Schlissel brucht, mir hond erst Schlösser und Schlissel brucht, wo di Fremde komme sind!“ [3]

[3] Sinngemäß nach: Fritz Maier: Friedrichshafen. Heimatbuch. Band 1. S. 272.

Postkarte mit Blick auf Friedrichshafen; vor dem Friedrichshafener Stadtwappen das Württembergische Wappen, wohl um 1900.

Häfler mit m evangelische Gsangbuch

Pfarrer Walter Sohn, geb. 1932, lebt seit 1995 im Ruhestand in Friedrichshafen-Manzell in dem Haus, in dem er mit seinen Geschwistern Elisabeth und Eberhard bei den Eltern Willy und Anne Sohn aufgewachsen ist. Seine Schulausbildung erhielt er in der Fischbacher Grundschule und in der Graf-Zeppelin-Oberschule. Von 1948 bis 1952 besuchte er die evangelisch theologischen Seminare in Schöntal/Jagst und Urach, es folgte ein Theologiestudium 1953 bis 1957 im Tübinger Evangelischen Stift und in Göttingen. In den Semesterferien jeweils Arbeit auf dem Bau oder in der ZF in Friedrichshafen. 1957 Ordination in der Manzeller Kirche. Vikariat in Alpirsbach, Illingen und Stuttgart-Gaisburg. 1959 Eheschließung mit Dr. med. Christa-Maria, geb. Hoop. 1961 wurde er als Pfarrer nach Kornwestheim berufen, dann 1973 nach Alpirsbach, Kinzigtal, 1984 nach Bad Waldsee bis 1995. Stolzer Vater und Großvater von fünf Kindern und sieben Enkeln, die zwischen Lübeck und Freiburg/Br. leben und Hochdeutsch wie Schwäbisch verstehen und schwätzen.

Seit 1806 hemmer en Schtuegert en Kenig ghet, nemme bloß en Herzog. Der neue Kenig hot als aufgeklärter ond gerechter Monarch seine Ontertane gut ond gleichwertig behandle welle. Drom hot er sei Sommerresidenz zu ons an Bodesee verlegt, hot aus Buchhorn ond Hofen seine neue Perle Friedrichshafen gmacht. Er hot halt selber Friedrich ghoiße. A rechter Kenig braucht schließlich a Flotte ond en Hafe. Des send hier also mehrere Mucke auf oin Streich gwese! Ond weil er selber mit seim Schturgerter Hof evangelisch ond Notbischof der evangelischen Landeskirche gwese isch, hot er so die großteils katholische Bevölkerung em ganze Oberland ond natürlich au en Friedrichshafe sozusage evangelisch angmischt mit Beamte en Post ond Eisebahn, Schule, Grenzer beim Zoll, Soldate, Rothäuser ond Oberämter.

Die Kirche ond Klöster em ganze Land hot er kassiert ond versproche, dass er für die Gebäude- ond Personalkoste sorge will. Und so isch es komme, dass er 1812 für sein Hof ond die zuzogene Evangelische am Bodesee die Schlosskirch zure evangelische Kirch gmacht hot.

S erste Häfler Schwäbisch dürfte also a Hof- ond Hochschwäbisch gwese sei („gwese“ ond net: „gwea“ ond glei gar net: „gsi“). Das bodeständige Alemannisch ond das in öffentliche Ämter ond am Hof praktizierte Schwäbisch isch hier unvermittelt nebenenander gschproche worde ond a Markezeiche für katholisch oder evangelisch gwese.

Die evangelische Häfler send über lange Zeit a kleins Häufle zwische de katholische Mitbürger bliebe. En dr „Diaspora“ hot mr gern de innere Zsammehalt pflegt ond so au en dr evangelische Kirchegemeinde halt a evangelischs Schwäbisch gschwätzt. Onser Pfarrer Wilhelm Duisberg (1926 – 1939) hot 1932 von de Evangelische in Friedrichshafe gschriebe: „*Auffallend ist, dass sich fast alle Familien hier schwer einleben. Die katholische Oberlandbevölkerung macht es unseren Leuten schwer, wirkliches Heimatgefühl zu bekommen; Heimweh trifft man bei fast allen Evangelischen, besonders bei den hiesigen Evangelischen aus Altwürttemberg. Jahrzehnte lang bleibt Friedrichshafen für sie die Fremde, der man trotz aller Naturschönheiten kühl, ablehnend, ja sogar feindselig gegenübersteht.*“ [4]

Dobei isch 1932 die evangelisch Gemeinde gegenüber 1812 scho a guets Stückle weiterkomme gwese. Dr Graf Zeppelin hot große Industriebetrieb nach Friedrichshafe brocht ghet. Die Chefs ond ihre leitende Angestellte send zu em größere Teil aus em technisch ond industriell vorbildliche württembergische Onterland oder gar aus em „große Vaterland“ (Berlin ond so) komme ond send domit a kräftige Verstärkung von dr evangelische Bevölkerung gwese, manchmol freilich au evangelisch mit Magerstufe, weil se weder de Zsammehalt en dr Diaspora noch s Schwäbisch kennt hent.

Wie i 1939 en d Schul komme bin, hot s koi Bekenntnisschul meh gebe. En dr Begegnung mit de Schulkamerade isch onser sprachlicher Austausch ohne Probleme gwese, wahrscheinlich isch d Verwässerung (!) am Bodesee em Alemannisch ond Schwäbisch scho ziemlich weit gediehe gwese. Erst noch em Krieg, wie dr konfessionelle Wettlauf ond s Prestige-

[4] Zitat nach Georg Wieland: Die evangelische Kirche in Friedrichshafen 1812 – 1945 in dem Band „Kirchen in Friedrichshafen – Geschichte und Kunst“, S. 127 ff. Friedrichshafen: Verlag Robert Gessler 1989. – Ein empfehlenswertes Buch.

denke wieder zugnomme hot, hemmir manchmol a paar sprachliche Feinheite wiederentdeckt: do bei de Katholische dr „Leehrer“ – hier bei de Evangelische dr „Lährer“, do die „Seeele“ – hier die „Sääle“, do Bahnhof und nagange mit verschiedene a-Nasale. „Sei eehrlich und gschtähs“ – „Sei ährlich und gschteehs“. Natürlich hemmer demit a bißle gstupft ond gfrozzelt. Aber des ghört jo au zom Sich-Verständige ond Möge. Wer net lache ka, wenn er auf d Schipp gnomme wird, isch traurig dra.

Zurück zum Einfluss des Königshauses: Das Königshaus repräsentierte und regierte nicht nur das Land, sondern kaufte in der Stadt Friedrichshafen und in der Umgebung Land und betrieb damit aktive Stadtentwicklung. Ein Kleinod dieser wahrhaft königlichen Politik stellt der für die Naherholung in der Stadt beliebte Riedlewald dar. Königin Olga kaufte ihn 1862 auf, um ihn vor dem Abholzen zu bewahren. Die Königin bestimmte, dass die Stadt die Waldpflege zu übernehmen und von der Stadt bis zum Wald eine Lindenallee anzulegen habe. Wissen Sie, welche Lindenallee das war? Nein, es war nicht die Riedleparkstraße. Sondern die Olgastraße, die sich von der Friedrichstraße bis zum Riedlewald erstreckte. Heute kann man diese Allee in der Olgastraße allenfalls mit historischer Phantasie erahnen. Nur in dem seit 1925 in Margaretenstraße umbenannten Teil der Olgastraße, der am Südrand des Riedlewaldes verläuft, befindet sich heute noch eine Lindenallee.

Dr Riedlewald

DVD III, 2

Eugen Moll, der Verfasser dieses Textes, wurde 1926 in Friedrichshafen geboren und wuchs als echter „Seehas“ im „Hafen“ auf. Nach seinen Lehr- und Wanderjahren, die den Dipl.-Ing. (FH) der Forstwissenschaften durch württembergische und badische Wälder aller Besitzarten von der Geislinger Alb, dem Neckarland, dem Schwarzwald und Oberland zurück zum Bodensee führten, wurde ihm 1960 die Leitung

Dr Seewald hòt ganz frier vo dr Schussà – vorbei am späterà Lewàdal ond henderàm spätàrà Städtle Buchhorn – bis in dià Gegend vom heidigà Fischbach ond no weidàr groicht. Alles war Seewald. Äls abr des Städtle ond dià Weiler ond Hef gwachsà send, hond d Leit fir Wiesà ond Felder dà Wald grodet ond hond bloß no oizechte Wäldlà standà lau. Mà hòt jò s Holz zom Bauà ond Hoizà braucht. Ganz wichtig wared au firs Vie dià grene ond driggene Zweig vo Eschà, Buàchà, Lendà ond Ahornà neàbàm Gras ond Hai. Ganz bsonders aber wared Oichelà ond Buchàlà zom Sauàmäschdà nedig. So wared alde Oichà ond Buàchà em ganzà Seewald stark verdreddà, also au in sällem Wäldle nerdlich vom Städtle. Nò jò, d Leit send meh worrà ond nò hòt mr dià Wälder aufdoilt. So hòt der Riedlewald feifàzwanzg odr no me Oigàdiàmàr ghett.

D Zeit isch weitergangà. Mr hànd àn Kenig ond à Kenigin griàgt, aus em Buchhorn isch Friedrichshafà worrà, ond d Eisàbah hòt dr Schussàdobl bei Durlesbach gmoischdàred. So war fir d Leit ond s Sach dà Weàg bis Schduàgàt ond no weitr offà. Des hòt au edliche Holzhendlàr aufgweckt. Dià hànd de starke Oichà ond Eschà vom Riedlewald wellà ond mr hett alles oifach kahlgschlagà. Des aber hòt Häfler Birger gar it gfallà ond se hànd Kenigin Olga om Hilf beàttà. Des war à guàte,

des Staatlichen Forstreviers Friedrichshafen übertragen. Nach 28 Jahren Dienst als „Förster vom Riedlewald“ wurde er 1988 krankheitshalber in den (Un-)Ruhestand versetzt. Als alt gewordenen „Seehas“ kann man ihn immer noch im Wald und auf dem See finden.

aber au resolude Frau. Dià hòt kurzerhand de Oigàdiàmàr dà Wald abkauft ond àn de Birgàr vrmacht. Aus dene zwoi Dutzed Parzellà isch dià oine Nommer 119 wòrrà ond Ferschtàr vo dr Hofkammàr honds Sagà ghett. Dià hànd dà Wald omgmodelt, hànd pflanzd ond pfleàgàt. Nò isch dr Zebbelin kommà ond mà hòt Blatz braucht. So isch àm Weschdà entlang vom Schnetzàhauser Mihlbach, spätr Kohlbach, ond dà Colsmanstròòß, schbädàr au em Nordà fir d Arbeitersiedlung Zebbelindorf ond im Oschdà fir d Woidà vom Riedlehof ausgschgstoggàt wòrrà. Em Siedà hànd Maurer ond Gipser den dortiggà Sand fir dià viele neie Heiser abgrabà.

Dem Riedlewald selber hòt dià rechte Forschtwirtschaft bloß guàt duà. Em feichdàrà Weschdà mid dene viele Gräbà send Oichà, Eschà, Erlà, Birkà ond Äschbà mit scheene Schdämm gschdandà, gegà s Zebbelindorf ond dà Riedlehof, wohl auf dà halbà ond troggànàrà Waldfläche, hond Fichtà, Dannà ond Forchà in Grubbà- ond Oinzlmischung mit Oichà, Buàchà, Ahorn ond Wildkirschà beschdà Wux ghett. Dr Siedweschdà war moischd de Buàchà vorbhaltà ond d Sandgruàb gegà de schbädere Margretàschdròòß war vo große Haselboschà eigrahmt. Em Siedweschdà, middà em Wald hòt mà à gloine Sengge freighaldà: d Riedlewies als Spiel- ond Feschdblatz.

Auf mà Fodo om 1914 vom Zebbelingelände gegà dà Wald sieht mà guàt den gschlossànà hohà Laubbeschdand, à andre Aufnahm om 1930 vom Tirmle dr Grundschuàl rab zoigt dà Siedtrauf mid Nòòdl- ond oinzlne Laubbaim.

So wär älles guàt ond reàt gwäà, em Riedlewald hòts seit viele Jòhr wohl koine Reh meh gäbà, doch emmer wieder an Fuchs und àn Has. Drfir aber haufàweis Kender. Dò hàndse Idianàrles gschbield, Verschdeckàrles ond Hiddàlà baut ond gschdriddà. Dià Lausbuàbà ond -mädlà wared halt gwissàrmaßà Nòchkommà vom sagàhaftà Seehas, der em Seewald ghaust hòn soll ond dene siebà Schwòbà – ausm Onderland? – s Firchtà beibròcht hòn soll.

I moin, älle Friedrichshafànàr Kendàr, dià mit Seewassr dauft, au àm ond em See aufgwaxa send, derfàt sich mit Reàcht Seehas nennà. So au i!

1945: 380 Bombà ond Luftminà, faschd alle Nòdlbaim eigschlagà, d Laubschdämm meischd voll Schblitter. Was nemme lebensfähig schien, wurd Brennholz. Iberall Bombàdrichtàr, dà Siedwestdoil isch Lager- ond Auffillplatz fir Brandschudd mid iber drei Hektar worrà, arweise Kahlflächà, kaum Waldpflanzà zum Wiederforschdà der Liggà. Des war’s! Doch wià zom Drotz: wo au à no so kloins Fleckle bloß war, dò hond leichtfliàgende Sòòme von Weidà, Pappel, Äschbà, Birkà ond mit ihre Fliigelà Fichdà, Forchà ond Ahornà keimt ond kloine Heischder ond Beimlà send iberall gwäà. Au d Vegel hànd feschd mitgholfà: D Oichelhäär hànd hondertàweis sorgfäldig Oichelà als Wentervorrat eigrabà – ond vergessà, Dompfaffà hànd des mit Eschàsòòmà ond Weißbuàchànisslà nòòchgmacht – d Ferschter hòißet’s Hääersaat. So war es needig, aus dr Vielzahl onderschiedlicher Baumardà so auszwääla, dass auf viele Jòhrzehnt àn standortgerechter, nadurverjengungsfähiger, schdabiler ond baumartàreicher Beschdand waxà ka. Des braucht viel Arbet ond Wissà, ond manchmòl à Eselsgeduld mit de Leit, wenn se Gfiil mit Wissà vrwäxlàt.

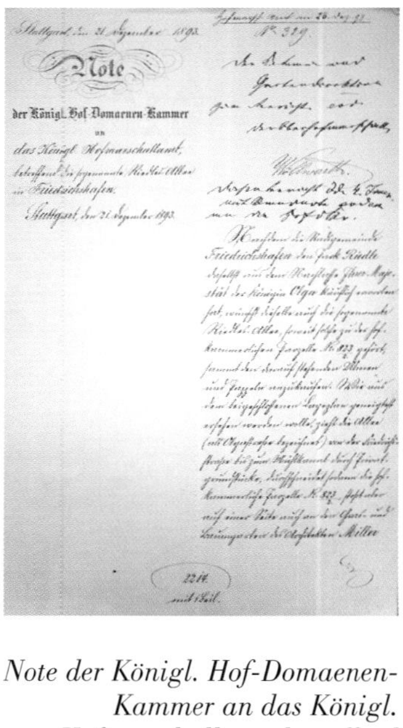
Note

der Königl. Hof Domaenen Kammer

Note der Königl. Hof-Domaenen-Kammer an das Königl. Hofmarschallamt, betreffend die sogenannte Riedle-Allee in Friedrichshafen. Stuttgart, den 21. Dezember 1893. In der Note geht es um den Verkauf der Allee an die Stadt Friedrichshafen (Quelle: Archiv des Hauses Württemberg, Schloss Altshausen).

Em Wald kas au gfählich wärrà. So send en de sächzger Jòhr inàrà lauà Moiànacht zwoi Herrà vonàrà Sitzong gegà halb zwoi durch dà Riedlewald Richtong Zebbelindorf hoimzoddeled. Aufm halbà Wääg grachts ond schbliddàrds saumäßig. Am nägschdà Morgà hàmmàr gsää, dass durch des erhehde Gronàgwicht beim Laubausdrieb àn Oichàzwiesel auf à große, deils hohle Buàch grachd isch ond se omgrissà hòt. Sälle Herrà hòt's bis auf dr Schräggà nix duà.

Wià aber d Holzmachàr an derà Buàch d Motorsäg aasetzed, schdarded aus àmmà Faulloch drei, vier Dutzed Fläädermeis. Mr hòt nòchr vorsichdig den hohlà Baum aufgschbaldà ond àn ganzà Haufà von dene Fliàgàr gfundà, dià so langsam beweglich wòrrà ond weggschdarded send. Bis auf siebà, dià send bei dem Aufbrall vom Baum mausdot wòrrà. Was duà? I hòn d Biolehràre vom GZG, d Frau Dr. Kurz, gkennt ond noch am Middag hett i dià gloine Abendsegler ihr bròcht. Doch während dr Audofahrt em Middagsverkehr wached dià Dode auf ond fladdàred rom. Am Forschthaus: Autodir auf ond bis auf zwoi fliàged fenf oifach weg. Oiner vo meine Buàbà hàt dià zwoi Leichà zwecks weiterem Beschau en sei Terrariom duà. Mà kaas kaum glaubà: am Òbnd hànd dià boide de eilends beschaffde Meàlwirmer gfrääsà! Wennse aufgregt wared, hànd se mit dem Miniraubtiergebiss glabbered, wared aufm Bodà kaum zom Fangà ond send em Zemmer iddàmòl an àn Fadà gflogà. Nochdem d Hausfrau wäägà de Meàlwirm Krach gmacht hòt, hànd dià entressande Diàrlà d schnòòga- ond fliàgàreiche Freihaid griàgt.

Kneipp-Anlage im herbstlichen Riedlewald.

Em Riedlewald hàndse kreiz ond quer Leidongà vrgrabà, oft ohne zfrogà wäägà de Baumwurzlà. Schbliddàrschädaà ond Troggnis an ond in de Gronà hànd wäägà dr Sicherheid Fällungà erfordert, idd zur Fraid vom Ferschter. Dò wars wohl à Arbet beim Auszoichnà, aber au à Befriedigong nòch dr Durchforschdong, wenn mà im nägschdà Jòhr gsää hòd, wià dià Baumgronà aus dr Enge befreit echt aufgangà send. Oder wenn so an abgängiger, einschdmòls herrschender Baum gfällt worrà isch ond jetzt an därà Schdell à Iberzahl vo gsonde, kräftige Nòchkommà drauf warded, bewirtschaftet zu weàrrà. Solangs à Nadur gääbà wird, isch halt à schdendigs Waxà ond Vrgangà, s isch eàbà Lääbà. Dr Wald isch halt fir dr Mensch en seiner Lääbbensgemeinschaft von Tier ond Pflanzà an àn oinzigà Blatz bondà, ond ons bloß zom Lehà gääbà. Mr derfed nutzà, mendn aber au erhaldà ond weitergääbà. Vo de kloinschde Dierlà em Bodà, vom oscheinbarschdà Pflenzle – s ghert älles zämmà.

Wenn dr Seehas des so alles nadenkt, nò wirdr fascht zom Schdaunà zwongà ond isch ibàrzeigt, dass des Erahnà ond Wissà fir eisere Seehäslà wohl so wichtig isch wià des Laude ond Domme ond Oigànitzige. Was hòt so àn honderdjährigà Baum scho älles gsää…

Zom Schluss no à bar Zahlà:

Riedlewald 1824 35 ha, 1894 26 ha, 1980 ca. 18 ha. Standort: grundfeucht ca. 12 ha, schwach saurer Terrassenkieslehm ca. 6 ha. Baumartenverteilung 1981 nach Flächenanteilen: Eiche 33 %, Buche 31 %, Esche 15 %, Erle 7 %, sonstiges Laubholz 11 %, Nadelholz 3 %. Staatl. Forstamt Tettnang 1982: Konzept zur Gestaltung: dauerartige Bewirtschaftung, möglichst Naturverjüngung, Erhöhung des Nadelholzanteils auf 15 – 20 %. Immissionschutzwald und Erholungswald nach gesetzlicher Definition Landeswaldgesetz Baden-Württemberg.

Auch bei der für die Stadtentwicklung wichtigen Eisenbahn hatte der König das Sagen. König Wilhelm I. ließ 1842 ein Staatsbahnprogramm erarbeiten, das sein Königreich verkehrstechnisch für den Personen- und Warentransport erschließen sollte.

Von der Hauptstadt Stuttgart aus sollten in die vier Himmelsrichtungen Strecken gelegt werden:

1. Die „Nordbahn“ nach Heilbronn am Neckar.
2. Die „Westbahn“ zu einem badischen Anschlusspunkt (Bruchsal).
3. Die „Ostbahn“ nach Ulm an der Donau und den bayerischen Bahnen.
4. Die „Südbahn“ von Ulm nach Friedrichshafen am Bodensee.[5]

Dieses Verkehrsprogramm bedeutete für die Hafenstadt Friedrichshafen eine Aufwertung und wirtschaftliches Wachstum. Personen und vor allem Waren sollten mit der Bahn heran- und mittels der Dampfschifffahrt weitertransportiert werden.

1844 begann man den Bau der Württembergischen Staatseisenbahnen mit dem ersten Teilstück zwischen Stuttgart und Esslingen. Am 6. Februar 1846 wurde die Genehmigung für die Strecke zwischen Friedrichshafen und Ravensburg erteilt und bereits am 8. November 1847 konnte sie eingeweiht werden; vorerst verkehrten die Züge im Inselbetrieb. 1848 entstand in Friedrichshafen eine Eisenbahnreparaturwerkstätte, die bis zum Beginn des 20. Jahrhunderts mit bis zu 270 Arbeitern der größte Betrieb in Friedrichshafen war.

Die Fertigstellung der „Schwäbischen Eisenbahn“, also der gesamten Strecke Stuttgart – Friedrichshafen, erfolgte 1850.

Übersichtskarte der Königlich-Württembergischen Staatseisenbahnen von 1867.

[5] nach Raimund Kolb: „Bähnle“ – „Mühle“ – Zug und Bus: Die Bahn im mittleren Schussental. Bergatreute: Eppe 1987. S. 22 ff.

Die schwäbische Eisebah

1. Bei de jetz'ge Eisebahne
send die schönschte Schtazione
Schtuegert, Ulm und Biberach,
Meckenbeire, Durlesbach.

2. Weil die jetzige Eisebahne
könnet no it schnell gnue fahre,
schtellt me näeb dr Eisebah
au no Teligraphe na.

3. Aber bald wer'n it bloß Wörter
teligraphiert an fremde Örter,
ja, selbscht Mensche ond Gepäck,
Ross ond Vieh ond Maltersäck.

4. Bei de jetzige Eisebahne
hocket alles nah zusamme:
Mädle, Buebe, Weib ond Ma,
alles, was nu fahre ka.

5. Bei de jetzige Eisebahne
könnet Küeh ond Ochse fahre;
alles, was nu Karte hat,
derf da mit dem Bah'zug fort.

6. Wächter, im Gesicht ganz bärtig,
schreiet vor ond rückwärts: „Fertig!"
Schprenget denn en Wage nei,
machet Löcher en d Karte nei.

7. Wenn des Glöckle duet erklinge,
sieht me alles zemmetschpringe,
was me bloß verfueßla ka,
kommt me a sei Plätzle na.

8. Bei de jetzige Eisebahne
isch au s Trenke vorne dane,
denn wenn d Lokomotiv it trenkt,
se kui Viertelschtündle schprengt.

9. Weg' de viele Eisebahne
braucht me koine Poschtilione,
denn wo sonscht des Poschthorn blies,
pfeifet jetzt die Lokomotiv.

10. Bei de jetzige Eisebahne
gibt es viele Reschtauratione,
wo me fräesse, saufe ka,
was nu grad dr Mage ma.

Das Lied von der **„Schwäbischen Eisenbahn"** ist allgemein bekannt. Ihre Streckenführung umfasst die „Ostbahn" und die „Südbahn": Stuttgart – Ulm – Biberach – Durlesbach – Meckenbeuren – Friedrichshafen. Des Reimes willen fehlt im Lied der Name Friedrichshafen. Durlesbach, der damalige Bahnhof von Reute, wird – reimtechnisch richtig, aber geographisch falsch – nach Meckenbeuren genannt.

Figuren der „Schwäbischen Eisenbahn" im Bahnhof Durlesbach (im Hintergrund das Bahnhofsgebäude). Die weniger bekannte oberschwäbische Version[6] zollt der technischen Errungenschaft einerseits Bewunderung, steht ihr aber andererseits auch kritisch und spöttisch gegenüber.

[6] Aus: Berthold Büchele: Schwäbisch g'sunge. S.104 f.

DVD III, 3

11. Bei de jetzige Eisebahne
derf it mit, wer hat e Fahne,
weil er könnt en Wage gerbe,
ond de Mädle d Schooß verderbe.

12. Bei de jetzige Eisebahne
mueß e jeder doppelt zahle,
der vom Wirtshaus kommt zue schpät
und ohne Kart' in Wage geht.

13. Bei de jetzige Eisebahne
duet e mächtiger Pfiff oin mahne,
daß e jeder schteigt da ei,
wer da will mitglasse sei.

14. Bei de jetzige Eisebahne
schprenget Wächter mit de Fahne
blitzschnell aus dem Heisle raus,
schtrecket de Arm ganz senkräecht raus.

15. Bei de jetzige Eisebahne
duet e A'schlagzettel mahne,
daß me gar it weit nauslueg,
wenn durch's Tunn'l goht dr Zug.

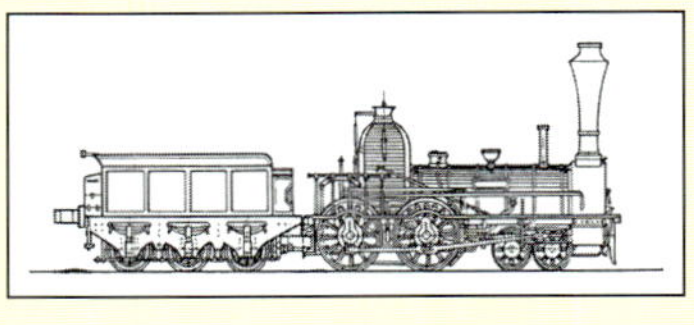

Ab 1847 verkehrte die Lokomotive „Bodensee" zwischen Friedrichshafen und Ravensburg.

16. Weil me oft it Zeit gnue hat,
daß me auf de Abtritt goht,
geit es manchmal au en Schpaß,
wenn oim weret d Hose nass.

17. Wenn die jetzige Eisebahne
säächtet onsre deitsche Ahne,
liefet se mit Schtock ond Huet,
weil des Ding so grausig duet.

18. Jetzt kommt d Gschicht vom säele Baure,
wo de Goißbock hat verlaure,
saget, ob ihr's höre went,
i will's verzelle bis ans End:

19. Mit de jetzige Eisebahne
wollt emal e Bauer fahre,
goht zur Kasse, lupft de Huet:
„E Kart möcht i, send au so guet."

20. En Goißbock hat er sich gekauft,
doch daß der ihm it vertlauft,
bendet ehn dr guete Ma
hende an de Wage na.

Worterklärungen:
Fahne = Rausch
gerbe = sich übergeben
Schooß = Schürze

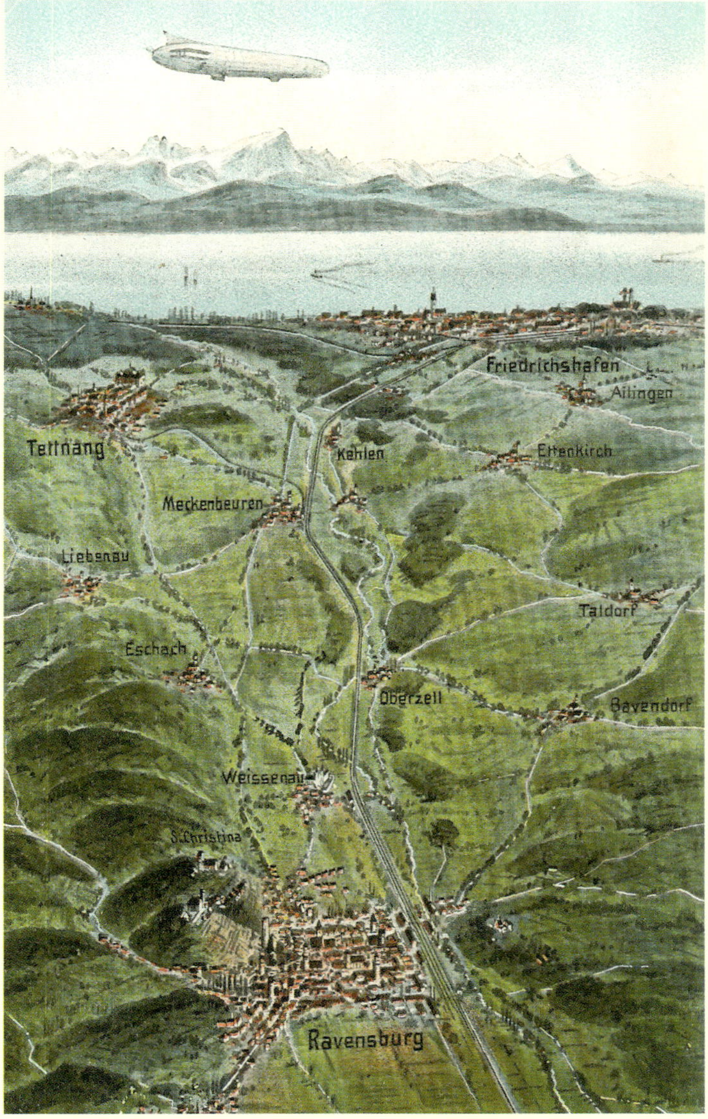

Postkarte um 1907. Stadtarchiv Friedrichshafen.

21. „Böckle, due no tapfer schpringe,
s Fuetter will i dir scho bringe."
Setzt sich zue seim Weible na
ond zend't sei Dabakspfeifle a.

22. S Fahre duet ehn mächtig fraie,
doch mueß'r's selber no bereue,
denn ob dem Schtroich, den er da gmacht,
wird er von alle brav ausglacht.

23. Wie der Bahzug bleibet schtehe,
will er nach seim Goißbock sehe,
findet er bloß Kopf ond Soil
vom Bock am hentre Wagedoil.

24. Jetzt kriegt er en Baurezore,
nemmt de Kopf mit samt de Haare,
schmeißt ehn au, so schtark er ka,
dem Konduktör an d Ohre na.

25. Nimmt druf wieder e Billettle,
duet sich aber was verschpäte;
wie me g'fahre e Schtickle weit,
d Lokomotiv jetz nomäl schreit.

26. Er moit, s häb ihm extra pfiffe,
drauf rueft'r raus, von Wuet ergriffe:
„Fahr nu zue, grad wo de witt,
denn jetz gang i erscht it mit!"

27. So jetz hon i s Liedle gsonge –
ond isch's eich en d Ohre g'schpronge?
Schtoßet jetz mit em Gläsle a,
wer die Eisebahne ma!

1850/51 wurde der Hafenbahnhof errichtet, womit der Waren- und Personenverkehr über „Friederichs = Hafen" enorm anwuchs. Die Eisenbahn gewährte eine schnelle Anbindung Friedrichshafens an das übrige Königreich Württemberg und brachte damit auch einen neuen Wirtschaftszweig zum Blühen: den Tourismus.

Touristen und Ausflügler kamen mit der Bahn an den See. Die Stadt reagierte umgehend mit dem Bau von Kur- und Badeeinrichtungen und schuf damit Fremdenverkehrsattraktionen, die der Stadt weitere Besucher bescherten.

Postkarte um 1900. Stadtarchiv Friedrichshafen.

Damit wuchs auch die Stadt; 1871 gab es in Friedrichshafen insgesamt 2827 Einwohner – in den 60 Jahren seit der Gründung von Friedrichshafen hatte sich die Einwohnerzahl vervierfacht. Und dies vor allem durch den Zuzug von „Reingschmeckten", die den schwäbischen Dialekt mitbrachten. Dieser galt als vornehmer, da er der Schriftsprache näher stand als das Alemannische. Das Schwäbische breitete sich im alemannisch sprechenden Oberschwaben entlang der Bahnlinie zuerst in den Städten aus. Es entstand dort ein Stadtschwäbisch, das den ursprünglichen alemannischen Dialekt zurückdrängte. Das Um- und Hinterland der Städte wurde von dieser Entwicklung zunächst nicht berührt und blieb solange alemannisch, wie es keinen fremden Einflüssen ausgesetzt war.

Für Friedrichshafen darf man sagen, dass in den ab 1811 neu gebauten Häusern, Siedlungen und Stadtteilen überwiegend Menschen schwäbischen Zungenschlags einziehen. In den alten Stadtbezirken, Weilern und Höfen wird dagegen im Privaten noch lange Alemannisch gesprochen. In der Öffentlichkeit setzt sich aber durch die Residenz, die beginnende Industrialisierung und den Fremdenverkehr immer mehr ein Honoratiorenschwäbisch bzw. ein lokal geprägtes Hochdeutsch durch.

Sinnfälliger Hinweis auf die Hinwendung zum württembergischen Schwäbischen und damit auf eine fortschreitende sprachliche Veränderung ist die Errichtung eines Gustav-Schwab-Gedenksteins im Jahre 1895 durch den Friedrichshafener Verschönerungsverein. Dieser Stein wurde damals im Park des städtischen Kurhauses an der Olgastraße aufgestellt, heute steht er an der Uferstraße.

Gustav Schwab[7] war evangelischer Pfarrer, Gymnasiallehrer und ab 1845 als Oberkonsistorialrat und Oberstudienrat Leiter der höheren Schulen in Württemberg. Er gehörte zum schwäbischen Dichterkreis um Justinus Kerner und Ludwig Uhland. Schwab verfasste Lieder, Romanzen und Balladen. Bekannt sind vor allem die Ballade „Der Reiter und der Bodensee", „Die schönsten Sagen des klassischen Altertums" sowie seine „Wanderungen durch Schwaben" aus dem Jahre 1837, ein Reiseführer, in dem er noch den alten Territorialbegriff „Schwaben" verwendet und „Schwaben" nicht auf Württemberg beschränkt – einige Wanderungen führen durch Baden. Friedrichshafen charakterisiert Schwab darin so:

„Die alte Reichsstadt Buchhorn (Friedrichshafen) mit einer Schatzkammer von spießbürgerlichen Späßen; das Schloss von Friedrichshafen, die anspruchslos schöne Sommerwohnung des Königs von Württemberg…"[8]

Wahrscheinlich hat der Friedrichshafener Verschönerungsverein das Schwab-Denkmal als Zeichen der Wertschätzung von Schwabs literarischen Leistungen und nicht wegen dieser Äußerung errichten lassen…

[7] Nomen est omen! Zusätzlich zu diesem Gedenkstein wird Gustav Schwab (1792 – 1850) in Friedrichshafen durch die Schwabstraße geehrt.

[8] Gustav Schwab: Wanderungen durch Schwaben. Neuausgabe. Gerlingen. Verlag Bleicher 2001. S. 285

Einen weiteren Hinweis auf die sprachlichen und gesellschaftlichen Veränderungen in Friedrichshafen gibt die *„Ordning der Fasnetskomede im Kurhaus am 17. Hornung 1898“* der Museumsgesellschaft Friedrichshafen. Jürgen Oellers stellt sie vor:

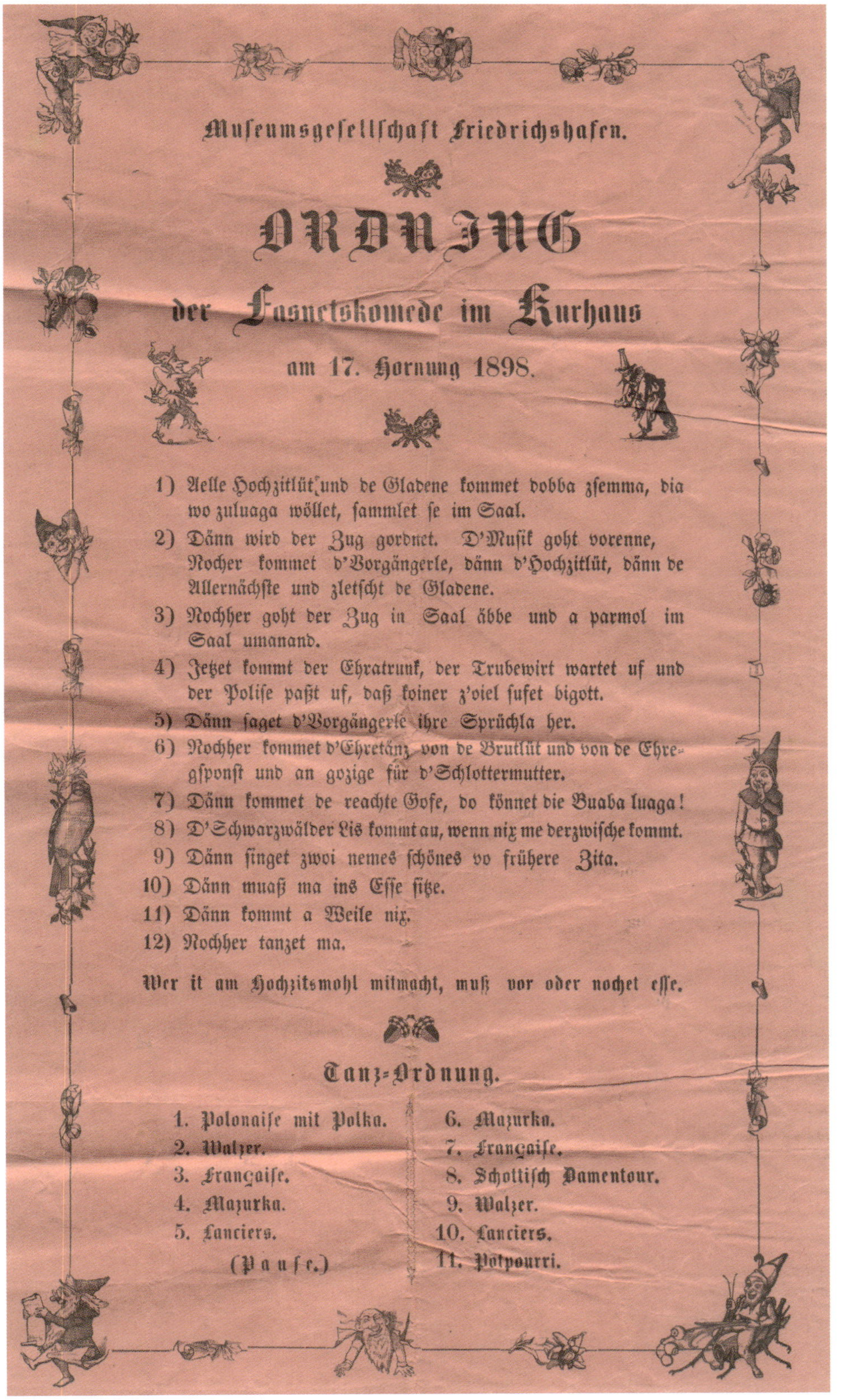

Museumsgesellschaft Friedrichshafen.

ORDNING

der Fasnetskomede im Kurhaus

am 17. Hornung 1898.

1) Aelle Hochzitlüt, und de Gladene kommet dobba zsemma, dia wo zuluaga wöllet, sammlet se im Saal.
2) Dänn wird der Zug gordnet. D'Musik goht vorenne, Nocher kommet d'Vorgängerle, dänn d'Hochzitlüt, dänn de Allernächste und zletscht de Gladene.
3) Nochher goht der Zug in Saal äbbe und a parmol im Saal umanand.
4) Jetzet kommt der Ehratrunk, der Trubewirt wartet uf und der Polise paßt uf, daß koiner z'viel sufet bigott.
5) Dänn saget d'Vorgängerle ihre Sprüchla her.
6) Nochher kommet d'Ehretänz von de Brutlüt und von de Ehregsponst und an gozige für d'Schlottermutter.
7) Dänn kommet de reachte Gofe, do könnet die Buaba luaga!
8) D'Schwarzwälder Lis kommt au, wenn nix me derzwische kommt.
9) Dänn singet zwoi nemes schönes vo frühere Zita.
10) Dänn muaß ma ins Esse sitze.
11) Dänn kommt a Weile nix.
12) Nochher tanzet ma.

Wer it am Hochzitsmohl mitmacht, muß vor oder nochet esse.

Tanz-Ordnung.

1. Polonaise mit Polka.	6. Mazurka.
2. Walzer.	7. Française.
3. Française.	8. Schottisch Damentour.
4. Mazurka.	9. Walzer.
5. Lanciers.	10. Lanciers.
(Pause.)	11. Potpourri.

Das Dokument der Häfler Museumsgesellschaft befindet sich im Bestand „Nachlass Bühler“ des Stadtarchivs Friedrichshafen.

Unklare Begriffe?

Was vor 100 Jahren (vielleicht) noch jede/r wusste:
Hornung [vor 1]: der (in der Anzahl der Tage) zu kurz gekommene („gehörnte“) Monat Februar;
Vorgängerle [2]: die der Braut Vorangehenden, also Musiker, hohe Gäste etc.;
Allernächste [2]: die engere Verwandtschaft; hiermit sind wohl die Mitglieder der Museumsgesellschaft gemeint;
Polise [4]: aus dem Französischen (police) entlehnt, mehr oder weniger verächtlich für „Polizist“;
Ehregsponst [6]: vermutlich abgeleitet von lateinisch „sponsus, sponsa“ (Verlobter, Verlobte) und in der Form „g(e)spons(t)“ im 19. Jh. schon nicht mehr im Gebrauch und schon veraltet; gemeint ist also kein Gespenst, sondern eher ein(e) dem Brautpaar folgende(r) „Geliebte(r) ehrenhalber“ und eventuell sogar die/der künftige Braut/Bräutigam;
Schlottermutter [6]: (stellvertretende) Brautmutter oder Brautführerin, für die nur ein einziger („goziger“) Tanz aufgeführt wird; „schlottere“ heißt auch: Hochzeitsgeschenke machen;
Gofe [7]: „Gof/Goof“ bedeutet ein ungezogenes, freches Kind; der Begriff ist vor allem in der Schweiz gebräuchlich, aber auch noch im Bodenseealemannischen bekannt; ähnliche Wortbedeutung wie „Fratz“ oder „Göre“;
Schwarzwälder Lis [8]: „Lis“ leitet sich vom Vornamen Elisabeth ab; unbekannte Fasnachtsfigur des 19. Jahrhunderts aus dem Schwarzwald oder vom Bodensee (?), vielleicht gemeint: eine Hexengestalt.

Jürgen Oellers wurde 1967 in Jülich geboren, wuchs an der Oberen Donau und am Oberrhein auf, und kann sich geradezu als „schwäbisch-alemannischen Rheinländer“ bezeichnen. Nach seinem Abitur in Lahr (Schwarzwald) studierte er an den Universitäten Freiburg (Breisgau), Marburg (Lahn) und Köln, wo er den Magister-Abschluss in den Fächern Geschichte, Germanistik und Phonetik absolvierte. Nach der Ausbildung zum Diplom-Archivar am Hauptstaatsarchiv Wiesbaden arbeitet er seit drei Jahren im Stadtarchiv Friedrichshafen.

Um 1900 herum – also noch bevor Graf Zeppelin der Stadt einen bleibenden industriellen Aufschwung bescherte – sah sich die bodenseealemannisch sprechende Bevölkerung Friedrichshafens mit einem zunehmenden Einfluss des schwäbischen Dialekts konfrontiert. Es gab aber auch sprachliche Mischformen, die sich beispielsweise dann äußerten, wenn eine sich als fortschrittlich verstehende Sprachgemeinde alte Traditionen pflegen wollte. Dies war zum Beispiel während der Fasnet der Fall, wenn sich gehobene Kreise volkstümlich gaben. So lud die Museumsgesellschaft Friedrichshafen am 17. Februar des Jahres 1898 im Kurhaus (heute: Graf-Zeppelin-Haus) zu einer „Fasnetskomede“ ein, die in Gestalt einer alemannischen Hochzeit dargeboten wurde. Das penibel geregelte Programm – unter anderem bestehend aus Hochzeitszug, Redebeiträgen, Hochzeitsmahl und Tänzen – wurde dabei passend ins Alemannische übertragen. (Die im Text verwendeten Ordnungszahlen 1 – 12 sind in [eckige] Klammern gesetzt.)

Auf den ersten Blick erscheint die „ORDNING der Fasnetskomede“ im alteingesessenen alemannischen Regionaldialekt verfasst zu sein. Das grafisch herausgestellte Motto weist auf ein vor allem im Hochalemannischen verbreitetes sprachliches Phänomen hin, nämlich auf die Aussprache der Substantiv-Endung „-ung“ zu „-i(n)g“, bei Wörtern wie Zeitung („Zitig“), Bemerkung („Bemerking“) oder Meinung („Meining“). Heute verweist dieses sprachliche Merkmal landläufig auf einen schweizerdeutschen bzw. hochalemannischen Dialekt; es ist kaum noch bekannt, dass vor 100 Jahren auch am nördlichen Bodenseeufer ähnlich wie in der 14 Kilometer entfernten Schweiz gesprochen wurde. Gleiches gilt für die Beibehaltung der langen Vokale wie in „Lüüt“ (Leute), „Huus“ (Haus) und „Iis“ (Eis): Geradezu klassisch alemannisch erscheinen die „Hochzit-/Brutlüt“ [1, 2, 6], der „Trubewirt“ [4] und die „Zita“ [9]; ein Übergang zur so genannten neuhochdeutschen Diphthongierung (Diphthong = Zwielaut, z.B. <au>, <ei>, <äu>) ist an Hand dieser Beispiele noch nicht zu beobachten. Anders ist dies im Honoratiorenschwäbischen der Fall, wo es – im Gegensatz zu allen anderen alemannischen Dialekten – gilt: „Leit“, „Hous“ und „Eis“. Und seltsamer Weise werden die im Alemannischen verbreiteten mittelhochdeutschen Langvokale auch bis zum Ende des Textes nicht durchgehalten, denn in „Weile“ [11] wird die (alemannische) „Wiile“ zum Diphthong <ei> verschoben – eben wie im Schwäbischen üblich!

Ein sprachliches Kennzeichen der zentral- und ostschwäbischen Mundarten (z.B. um Stuttgart und Ulm) ist die Lautverbindung <oi> wie in „koiner“ [4] und „zwoi“ [9]. Diese Lautverbindung verdrängt seit dem Ende des 19. Jahrhunderts das am See einst verbreitete westschwäbische <oa> („koaner“, „zwoa“). Vor allem in den Städten Friedrichshafen, Ravensburg und Tettnang setzte sich diese Lautung schon früh durch, so dass heutzutage die ursprüngliche Lautung <oa> schon fast als ein fremdes Sprachelement erscheint und nur noch im ländlichen Gebiet konserviert wird. Dieses sprachliche Phänomen zeigt auch auf, dass die sprachlichen Einflüsse der letzten 100 Jahre in der Regel von Norden nach Süden verlaufen sind und sich entlang des ganzen Nordufers des Bodensees ausweiten. Dabei wirkt sich die ehemalige politische Landesgrenze zwischen Baden und Württemberg sprachlich so gut wie nicht aus; sowohl in Raderach, Kluftern und Markdorf, als auch in Ettenkirch und Ailingen spricht man mittlerweile „broit", kaum noch „broat". Überhaupt sind sich die Mundarten der Häfler Ortsteile untereinander im Vergleich zum Häfler Stadtdialekt eher ähnlich. Besonders deren einheimische Einwohner, die noch vor dem Zweiten Weltkrieg geboren wurden, greifen zum Teil noch auf alte alemannische Wörter zurück. Entgegen einer landläufigen Meinung sind diese Personen in der Regel „im Hafa g'si" und nicht „g'wäa" (= „in Friedrichshafen gewesen").

Ein wichtiges sprachliches Merkmal berücksichtigt die „Ordning" bezüglich des Gebrauchs der Verb-Endung „-et" im Plural, wie in „(sie) kommet, wöllet, sammlet, sufet, saget, singet" [1, 4, 5, 9]. Die Verb-Endung „-et" (mir/ir/si mähet, lachet etc.) charakterisiert im Gegensatz zur Endung „-e" (mir/ir/si mähe, lache etc.) die alemannische Dialektausprägung östlich der sogenannten Schwarzwaldschranke, einer Trennlinie innerhalb der alemannischen Dialekte, die von Norden nach Süden entlang des Schwarzwald-Kamms verläuft. Diese Linie teilt den alemannischen Sprachraum in eine West- und Osthälfte: Westlich der Schwarzwaldschranke heißt es beispielsweise „Matte", östlich davon – darunter fällt auch das Bodenseegebiet – heißt es „Wiese". Nicht die ehemalige und relativ junge Landesgrenze zwischen Südbaden und Südwürttemberg bestimmt also die großen Unterschiede der alemannischen Mundarten, sondern vielmehr die räumlich-natürliche Grenze des Schwarzwaldes!

Aber wieder zurück zur Häfler Museumsgesellschaft im Jahr 1898. Wir haben gesehen, dass für den ordentlichen Ablauf der alemannischen Hochzeit grundsätzlich die alten bodenseealemannischen Sprachmerkmale berücksichtigt werden, hin und wieder aber auch schon schwäbische Ausdrücke Eingang finden. Es handelt sich hier weder um Zufall noch ist eine schlechte Beherrschung des Dialekts im Spiel, sondern es werden ganz bewusst sprachliche Ausdrucksmuster verwendet, um die „passenden" Personenkreise anzusprechen und um sich von anderen abzugrenzen. Das Fest-Programm gibt allein sprachlich unmissverständlich zu erkennen, an wen eine Einladung zur „Fasnetskomede" gerichtet ist und an wen nicht. Die banale Feststellung: „Wer it am Hochzitsmohl mitmacht, muß vor oder nochet esse" [nach 12], ist so wahr wie sie doppeldeutig gemeint ist: Wer nicht mitmacht, muss sich wo anders vergnügen. Die mundartliche Darstellung der „Ordning" wird vollends verlassen, wenn die „Tanz = Ordnung" mit der Reihenfolge der aus Frankreich (!) stammenden Tänze folgt. Spätestens jetzt wird auch den nicht gesellschaftlich Anerkannten bewusst, wer auf dieser alemannischen Hochzeit mittanzen kann und wer nicht.

Das Dokument der Häfler Museumsgesellschaft macht deutlich, welche Funktion die Sprache allgemein und der Dialekt im Besonderen hat. Für die Menschen am Bodensee, die gesellschaftlich aufsteigen wollten, war eine Angleichung an die schwäbische Mundart ein Muss, vor allem, wenn sie in der Stadt lebten und arbeiteten. Der alemannische Dialekt galt als Sprache der ländlichen Bevölkerung. Im Gegensatz zu Norddeutschland, wo die Spielarten des Niederdeutschen fast ausgestorben sind, hielt sich am Bodensee zunächst beides: die regionale Hochsprache (= die Imitation des Honoratiorenschwäbischen) und der einheimische Dialekt. Durch die sprachliche Nähe beider alemannischen Dialekte – Schwäbisch und Bodenseealemannisch – glich sich der letztere vor allem in den Städten dem ersteren an und verlor einige seiner charakteristischen Merkmale. Wer also etwas auf sich hielt, orientierte sich offiziell am Stuttgarter Dialekt und pflegte seine Mundart privat in der Familie oder mit Freunden. Schon vor hundert Jahren war es so möglich, durch feine sprachliche Nuancen die jeweilige Leser- oder Sprachgemeinde anzusprechen und auf sich aufmerksam zu machen. Prinzipiell lief es auf nichts anders hinaus als heutzutage, wenn eine „coole Fete“ angesagt ist, zum „Bunten Liederabend“ eingeladen wird oder eine „Hexenparty“ stattfinden soll: Die Betreffenden wussten und wissen in der Regel, wer als Zielgruppe gemeint ist. Mittlerweile ist aber auch die Beobachtung zu machen, dass das Schwäbische auf Kosten von umgangssprachlichen Begriffen und Redewendungen, die zu einem Teil auch aus dem Englischen entlehnt werden, zurückgedrängt und verlernt wird.

3. Teil: Wià d Häfler Schtadtschwòbà Konkurrenz vo weidere Reigschmeggde kriaget

Zurück zur Historie Friedrichshafens: Wieder war es das Königshaus, das der bisher mit dem Eisenbahnausbesserungswerk und der Lederfabrik Hüni wenig industrialisierten Kurstadt Friedrichshafen eine wirtschaftliche Weiterentwicklung ermöglichte. 1898 stellte König Wilhelm II. dem Grafen Zeppelin an der Manzeller Bucht ein Gelände für dessen „Gesellschaft zur Förderung der Luftschiffahrt“ zur Verfügung. Der 1838 zwar im badischen Konstanz geborene Ferdinand Adolf August Heinrich Graf von Zeppelin stammte jedoch aus dem württembergischen Grafenstand und war ein waschechter Schwabe: Seine Mutter hatte ihn bereits in jungen Jahren in einem Brief als „Knöpflesschwab“ bezeichnet, der wie sein Vater stolz darauf sei, „ein Württemberger zu sein“[9]. Graf Zeppelin stand bis zu seinem selbstgewählten Rückzug ins Privatleben im Dienste des württembergischen Königshauses und war mit König Wilhelm II. eng befreundet, weshalb er ja auch vom König ein Gelände zum Bau seiner Luftschiffe erhielt.

Am 2. Juli 1900 erhob sich LZ 1 in der Manzeller Bucht zum ersten Mal in die Luft. Die Freude über dieses historische Ereignis war in Friedrichshafen riesig. Im „Seeblatt“ reimte ein begeisterter Zeppelinfan:

„Jetzt hot au a Graf no es Flieaga probiert.
's Luftrössle ehn hot schier ins Welschland nei g'führt.
Der Kaiser, der König, a jeder Herr lacht:
Des Geldle, des wär' desmol net verkracht.
Der Graf rüaft mit Genralstemm:
Einzahlung, Ihr Herra! Sonst goht's doch no schlemm.
Dia G'sichter, dia werdet lang wia dr Ballon.
Der Zeppelin posaunet: Dividende kommt schon!“[10]

Dieses etwas holprige Gedicht um den finanziellen Nutzen des Luftschiffs ist in einer Mischung aus Hochdeutsch und Schwäbisch abgefasst. Es weist keinen seealemannischen Einfluss auf. Die Verwendung der Hochsprache liegt sicherlich auch am Inhalt des Gedichtes: Kein württembergischer Untertan wird es wagen, in der Öffentlichkeit seinen König als

[9] Fritz Maier: Friedrichshafen. Heimatbuch. Band II. Friedrichshafen: Verlag Robert Gessler 1994. S. 17 f.

[10] Ebenda S. 27.

schwäbischen „Kenig“ zu schreiben – hatte doch zur gleichen Zeit die Ehrfurcht vor dem deutschen Adel Konrad Dudens Rechtschreibreform gebremst, als es um die Vereinfachung des Wortes „Thron“ durch Ersetzung des griechischen „th“ durch deutsches „t“ ging. Am Thron des deutschen Kaisers durfte nicht gesägt werden! Und der „König“ konnte nicht „Kenig“ geschrieben werden, auch wenn jeder Schwabe „Kenig“ sagte!

Apropos König: 1918 musste Wilhelm II. als König von Württemberg abdanken. Er nahm den Titel eines Herzogs von Württemberg an und wollte von Stuttgart nach Friedrichshafen übersiedeln. Die Häfler Bevölkerung war darüber sehr erfreut. Im Herbst 1919 hielt sich das ehemalige Königspaar Wilhelm und Charlotte im Friedrichshafener Schloss auf und verbrachte auch noch die Sommermonate der Jahre 1920 und 1921 in ihrer alten Sommerresidenz. Am 2. Oktober 1921 verstarb König Wilhelm II. und wurde in Ludwigsburg beigesetzt.

Schwätzt der Herzog von Württemberg eigentlich Schwäbisch?
Hätte Württemberg heute noch einen König, so wäre es nach der Thronfolge SKH Carl Herzog von Württemberg, der im Altshausener Schloss residiert. Sein Sohn, SKH Friedrich Herzog von Württemberg, bewohnt mit seiner Familie das Friedrichshafener Schloss. Da uns die Frage beschäftigt hat, ob die Mitglieder des Hauses Württemberg auch schwäbisch schwätzen, haben wir ein Interview mit SKH Herzog Friedrich geführt:

DVD III, 4

Mit dem Grafen Zeppelin begann in Friedrichshafen das Industriezeitalter. Ein Konzern mit Weltbedeutung entstand, dessen Tochterfirmen bis heute das wirtschaftliche Wohl der Stadt bestimmen und der die Stadt in ihrer Entwicklung – sei es durch den Bau von Arbeitersiedlungen wie beispielsweise das Zeppelindorf, die Schaffung von Sozialeinrichtungen der Zeppelin-Wohlfahrt, die Ausweisung von Industrieflächen oder die Zerstörung der Stadt durch die Bombenangriffe, die der Häfler Industrie galten – nachhaltig beeinflusst hat.

Der wirtschaftliche Aufschwung und Erfolg des Zeppelinkonzerns zog Tausende von Arbeitskräften aus ganz Deutschland nach Friedrichshafen, womit sich die Bevölkerungszusammensetzung wieder stark veränderte. Bis 1902 war Friedrichshafen auf 4500 Einwohner angewachsen, 1914 waren es – auch durch die Eingemeindungen von Löwental, St. Georgen, Jettenhausen, Meistershofen, Trautenmühle und Waggershausen – 7200 Einwohner, bis 1933 wuchs die Zahl auf 13 306 Einwohner an – in 19 Jahren fast eine Verdoppelung der Einwohnerzahl. 1939 waren es durch die steigende Rüstungsproduktion und durch weitere Eingemeindungen von Schnetzenhausen, Fischbach und Allmannsweiler über 25 000 Einwohner. Durch die Zerstörung der Stadt im Zweiten Weltkrieg sank diese Zahl auf 14 979 im Jahr 1945.

Ein gut Teil der Arbeitskräfte der Häfler Industriebetriebe kam aus dem Umland, so auch aus Oberteuringen, das durch die Teuringer Talbahn verkehrstechnisch an Friedrichshafen angeschlossen war. Die Teuringer Talbahn wurde von den ortsansässigen Oberteuringer Bauern und Handwerkern als „Fuulenzerziigle“, als „Faulenzerzügle“, bezeichnet, weil mit ihm die „Faulenzer“, also die Industriearbeiter, statt zum Arbeiten aufs Feld zum vermeintlichen Erholen in die Stadt fuhren.

Genaue Angaben, woher all die nach Friedrichshafen ziehenden Arbeitskräfte der Häfler Industrie kamen und welchen Dialekt sie sprachen, liegen nicht vor. Jedoch kann man einen groben Rahmen benennen: Die Mitarbeiter der Häfler Industrie stammten bis 1939 zu einem Drittel aus der Stadt und dem direkten Umland, zu einem weiteren Drittel aus Württemberg, zum letzten Drittel aus ganz Deutschland.[11]

Bis 1900 war die Kernstadt Friedrichshafens überwiegend schwäbisch geworden, d. h. die Zahl der alteingesessenen Häfler Seealemannen war in Relation zu den schwäbisch schwätzenden Neubürgern immer kleiner geworden, und in der Öffentlichkeit sprach man ein Honoratiorenschwäbisch. Mit dem nun einsetzenden Zuzug von Arbeitskräften aus ganz Deutschland wurde das Seealemannische noch mehr zurückgedrängt – und auch wenn sich dafür das Schwäbische etablierte, so musste auch es die Konkurrenz der Hochsprache fürchten. Um sich mit „Fischköpfen“ und „Reingschmeckten“ von jenseits des „Weißwurstäquators“[12] verständigen zu können, musste man eben die (schwäbisch ausgesprochene) Schriftsprache bemühen.

Den sprachlichen Besonderheiten im Zeppelinkonzern geht Manfred Sauter nach:

[11] So eine Auskunft von Kreisarchivar Elmar L. Kuhn aufgrund eigener Recherchen.

[12] „Fischköpfe“ und andere despektierliche Ausdrücke für Norddeutsche sind im gesprochenen Dialekt nach wie vor beliebt und werden als nicht verwerflich angesehen. Man verzeihe uns die geschriebene Version – dient sie doch nur der besseren Anschaulichkeit.

DVD III, 5 

Zeppeliner-Schwäbisch

Manfred Sauter über sich: „1935 im Hafà geborà, in d Kinderschuàl und in d Schuàl gangà und nòch em Angriff am achdezwanzigschdà April vieràvierzg ewakuiert worrà. Zerscht nòch Aulàdorf und kurz drauf in d Ziegelei Litzelbach aufs Land. In d Schuàl nòch Altschhausà hone vier Kilometer ghet – oifachà Wegs. Neunevierzg bine in d Lehr in Hafà und neunzehundertsiebenefufzg, nòch Zwischàschtazionà in Esslingà und Saulgau endgildig nòch Friedrichshafà zur FIF – so hòt dr dòmòlig Nòchfolgebetrieb vom Luftschiffbau und oinà von de Vorgängerfirmà von dr heutige Zeppelin GmbH ghoißà. Do bine denn bliebà bis zur Rente im Sommer zwoidausend. Gegenüber meine Aldersgnossà, dià wo immer im Hafà bliebà sind, isch mei Häfler Schwäbisch dòmòls scho ganz scheh verwässeràt gwä."

Viele alde Zeppeliner sind großdoils koine Häfler gwä. Gschwätzt hond se au bei dr FIF ganz verschiedà. Obà agfangà beim Direktor Julius Oesterle, der isch aus Haiterbach bei Nagold gwä, dr technische Leider Franz Miller isch aus dr Augsburger Gegend kommà, dr Konschtrukzionsleider Vinzenz Schmid isch wià dr frihere Maschinist Norbert Heiss aus dr Waldseer Gegend gwä, dr Inschinör Emil Oltmanns isch en waschechtà Bayer und dr Schef von dr Vorrichtungskonschtrukzion Franz Schiesel en Schwärzwälder gwä.

Nadierlich hond au viele alde Häfler in dr Firma gschafft. So zum Beischbiel der im Johr zwoidausenddrei verschdorbene frihere Obermaschinischt Eugen Bentele. Der hòt sei Schbròch nie verleugnet.

Preißà waràt au scho dò, aber am oigàsinnigschtà von dr Schbròch her waràt dià von gar it so weit weg – dià von Markdorf, Immàschtaad und so oder dià von Lottàweiler oder Hinderoberailingà.

Au de frihere obere Herrà vom LZ sind it vom Hafà gwä. Dr Doktor Eckener isch in Flensburg aufgwaxà, der hòt à recht guets Deutsch gschbrochà. Dr Kommerzienrat Colsman isch aus Werdohl gwä und wenn der so gschwätzt hòt, wie er gschriebà hòt, nòch guet Nacht! Wahrscheinlich schtammt von dem au der Name „Dorfkrug" für dià Wirdschaft von dr Zeppelin-Wohlfahrt – also vom Schwäbischà hòt der koi Ahnung ghet, sonscht hettà mr im Zeppelindorf en „Grüne Baum" odà so was Ehnlichs, aber doch koin norddeutschà „Dorfkrug".

Und dr Schefkonschtruktör von alle Zeppelin ab LZ 2 und dr Direkter dr Werft, Dokter Ingscheniör Ludwig Dürr, isch en Weigärdnersohn aus Schtuegett gwä. Was der konschtruiert hòt, des war guàt und vom Geld her hòt s au schtimmà müssà. Der war schparsam im Gschäft und dàhoim. Er hòt koin teurà Maybach gfahrà, sondern „bloß" en Mercedes und den recht seldà. Beim täglichà Weg ins Gschäft hòt er sei Fahrrad gnommà. Und nebàher hòt dr Direkter Dürr au no en Bauràhof umtriebà mit vier Küh, Wiesà und Obschtbäum. Gmoschtet hòt er au selber.

Dozuà fallt mr e Gschicht ei, wo mei Vader immer vrzehlt hòt:

An eme Moschtfass vom Dokter Dürr sei dià Flügelmuttr auf dem Gwindbolzà iberschbrungà, wo er hòt welle des Putztürle ins Mannloch nei ziehà. Dr Dokter Dürr heb gmoint: „Sauter, könnet Sie emal danach schauà?" Der hòt für den Herr Direkter nadierlich e neue Schraub und e neue Mutter machà lossà. Statt eme Lob heb dr Direkter Dürr aber in seim Schtuegetter Evangelisch-Schwäbisch gmoint: „So ain Aufwand wär dò nett nötig gwäsà, die Flügelmutter hät man könnà noch schtauchà, dann hätt s noch mal ain Jahr ghaltá und wär billiger gwäsà."

So oder so ehnlich.

Die Eingemeindungen von bisher selbstständigen Ortschaften trugen im gleichen Maße dazu bei, dass das Seealemannische weiter zurückgedrängt wurde. Diese Gemeinden, die von der bevölkerungspolitischen Entwicklung Friedrichshafens bisher weitgehend unberührt geblieben waren, gehörten nun zur Stadt Friedrichshafen. Damit wurden die alten Organisations- und Kommunikationsstrukturen aufgebrochen – und auch hier musste das Seealemannische den Rückzug antreten.

Zusätzlich zu den Arbeitskräften aus ganz Deutschland kamen bereits um die Jahrhundertwende auch Gastarbeiter ins Land und in die Stadt. Als 1901 die Strecke Friedrichshafen – Überlingen der Bodensee-Gürtelbahn in Angriff genommen wurde, benötigte man zu ihrem Bau viele italienische Gastarbeiter – und einige blieben schon damals in unserer Region.

Die Eröffnung des letzten Teilstückes der Bodensee-Gürtelbahn am 2. Oktober 1901 wurde an allen Bahnorten zwischen Friedrichshafen und Überlingen gefeiert. Um 18 Uhr sollte der Zug auf der Rückfahrt von Überlingen mit dem württembergischen König, dem badischen Großherzog und anderen Honoratioren, wie dem Fischbacher Bürgermeister, dem Pfarrer und einem Gemeinderat, in Fischbach ankommen, weshalb sich der ganze Ort am Bahnhof mit einer Musikkapelle, Fackeln, Lichtern und Fahnen versammelt hatte. Da sich die Ankunft aber wegen der zahlreichen Feiern um über eine Stunde verspätete, gingen die Fischbacher, nachdem ihre Fackeln abgebrannt waren, nach Hause, und kein Mensch empfing den verspäteten Zug. Der Fischbacher Bürgermeister, der einen großen Empfang angekündigt hatte, wurde mit seinen zwei Begleitern am leeren Bahnhof unter Gespött verabschiedet.

Eröffnung der Strecke Überlingen – Friedrichshafen Stadt im Bahnhof Überlingen am 2. Oktober 1901.

Ein im Fischbacher Seealemannisch abgefasstes Gedicht „vo ma Seehaas', d'r zuegluaget hot, wie d Fischbacher g'festet hond", macht sich über den Vorfall lustig:

Aus dem heimatgeschichtlichen Nachlass von Josef Störkle (†), Fischbach.

„Doch wie d'r Zug bi Fischbach hält,
au it d'r g'ringste Funke fällt.
Und Lampions sind au verschwunde,
samt d' Fischbacher im Dörfle drunte.
Wo do de Deputierte dös hond g'sehe,
und niene kui Seel und kuin Mensch sehet stehe,
do kratzet se sich unterm Huet
und saget: ‚Dös Ding isch it ganz guet'.
Die Herre vom Zug aber hond herzli g'lacht,
und wünschet de Fischbacher a ‚Guet' Nacht'!" [13]

Doch weg vom Spott über die Fischbacher und noch einmal zurück zu den italienischen Gastarbeitern: Die konnten nicht nur gut Eisenbahnstrecken und Straßen bauen, sondern sich auch im fremden Deutschland zurechtfinden. Stefan Ardemani, der Nachfahre eines italienischen Gastarbeiters, berichtet:

[13] abgedruckt in: Stadt Friedrichshafen (Hrsg.): Geschichten aus Buchhorn und Friedrichshafen. Historisches Lesebuch für die Jugend der Stadt. Schriftenreihe des Stadtarchivs Friedrichshafen Band 2. Friedrichshafen: Verlag Robert Gessler 1996. 3. Aufl. S. 233.

DVD III, 6

Stefan Frank Ardemani, ein waschechter Häfler Stadtschwabe, wurde 1976 in Friedrichshafen geboren. Er besuchte die Pestalozzi-Grundschule, legte sein Abitur am Graf-Zeppelin-Gymnasium ab und absolvierte anschließend eine Ausbildung zum Bankkaufmann bei der Kreissparkasse Friedrichshafen. Nach einer Zeit der Berufstätigkeit studierte er an der Pädagogischen Hochschule in Weingarten die Fächer Deutsch und Religionspädagogik für das Lehramt an Grund- und Hauptschulen. Stefan Ardemani engagiert sich in der kirchlichen Jugendarbeit seiner Pfarrgemeinde St. Petrus Canisius, ist Kirchengemeinderat, Lektor und Kommunionhelfer.

I bin à „Italienerkind", des no vor der Wirtschaftswunderzeit seine Wurzla im Bodeseeraum hòt. Mein Opa isch als junger Bua aus Italien, vermutlich ganz aus em Südà, mit viel Hoffnung auf Arbet aufbrochà nòch Deitschland. Eigentlich wollt er dòmòls mitbauà bei de Eisàbah, doch dann hòt er mitgholfá beim Stroßàbau. Seine Bleibe hòt er in de Welfastadt Weingarten aufgschlagà und – wie es halt so isch – sich in à deitsches Mädle verliàbt und dià no au gheiròtet. Mein Vater war 1928 de Nachzügler als fünftes Kind und leider isch sei Mutter und mei Oma bei de Geburt gstorbà. Mein Opa konnt sich it alloi um dià Kinder alle kümmrà und hòt mein Vater mit drei Johr zu de katholische Schwestre von 14 Nothelfer bròcht, dià no à Weile sich um den kloine schmächtige Kerle kümmràt hont. De Großvater hòt nomel gheiròtet und wieder fünf Kinder kriegt. Die Nonnen hont dòmòls schließlich en Bauer aus em Deggahausertal bei Wittahofà gfundà, der sich um den Buá agnommá und ihn aufzogá hòt. Für viel Geld hòt der Bauer vom Tannàhof, den es heit no gibt, die deitsche Staatsbürgerschaft für mein Vater kauft. Domit war von dem italienische Blut ausserm Temprament nimme viel übrig bliebà. De Vater war en Deitsche und hòts guat ghet auf em Tannàhof im Badische bei dem Bauer, der ihm sei Leben lang de Vater war. Als er älter wòrrà isch, hòt er Arbeit gsuàcht und dià hòts dòmòls bei de Eisàbahn geah und so hòt er ins Schwäbische, noch Friedrichshafà, ziah missà. Do hòt er no mei Mutter kennàglernt, dià vom Federsee, also aus em tiàfstà Oberschwabà kommà isch. Dià hont gheiròtet und ois von dene als Nochzügler war i. So bin i also em Hafà mit dem schwäbische Dialekt aufgwachsà, mit viel Eifluss aus em Biberacher Raum und à bissle aus em Badische, weil mein Vater drhoim it sei Alemannisch, sondern Häfler Schwäbisch gschwätzt hòt. Wenn er zu Besuch bei de Verwandte war, hòt er aber voll alemannisch gschwätzt.

Mein Cousin wollt mòl nòchforschà, wo der Opa genau herkommt, der Ende der 50er Jòhr in Altshausà gstorbà isch, aber ohne Geburtsurkunde hont se ihm in Italien koi Auskunft geah. So bleibt, dass die Ardemanis, dià dò wohnet im Raum Ravensburg und Friedrichshafà, alle von dem oine Ardemani stammet, der dòmòls aus Italien gen Schwaben zum Eisàbahbau auszogà isch.

Die sprachliche Entwicklung der Stadt nach dem Zweiten Weltkrieg ist schnell erzählt:

Mit dem beginnenden Wiederaufbau und der Aufnahme von Heimatvertriebenen und Flüchtlingen sowie den ersten Gastarbeitern wuchs die Einwohnerzahl bis 1955 auf 31 459 an. Mehr als ein Fünftel der Häfler Bevölkerung bestand 1960 aus Heimatvertriebenen und Flüchtlingen, die alle ihren Heimatdialekt mitbrachten und sich nur teilweise an den herrschenden Dialekt, das Schwäbische anpassten, sondern vielmehr auf die Hochsprache auswichen. Etwa 5 % der Bevölkerung bestand aus Gastarbeitern.

Der wirtschaftliche Aufschwung in der Stadt benötigte zusätzliche Arbeitskräfte, die verstärkt auch aus den umliegenden seealemannisch sprechenden Gemeinden nach Friedrichshafen pendelten und sich dem Schwäbisch ihrer Arbeitskollegen anpassten, womit das Schwäbische eine weitere Verbreitung im Umland fand.

Gedenkstein am Hinteren Hafen.

1965 hatte die Stadt 41 049 Einwohner, 1975, nach den Eingemeindungen von Ailingen, Raderach, Kluftern und Ettenkirch, 52 499 Einwohner. Die Kreisreform 1973 brachte einen neuen Zuschnitt der Kreisgrenzen. Aus dem Kreis Tettnang und dem Kreis Überlingen, deren Trennlinie die alte Landesgrenze zwischen Baden und Württemberg gewesen war, entstand der Bodenseekreis. Damit und durch die Eingemeindung von alten badischen Ortschaften nach Friedrichshafen, wie Kluftern, Efrizweiler und Raderach, wurden alte politische Organisationsstrukturen verändert. Nun mussten auch die Einwohner dieser Ortschaften, überwiegend alte Seealemannen, statt ins seealemannisch geprägte Markdorf bzw. Überlingen ins mittlerweile schwäbisch geprägte Friedrichshafen auf die Ämter und mussten sich dem Schwäbisch in der Stadt anpassen. Die alte Grenze zwischen Baden und Württemberg, die nie eine Sprachgrenze gewesen war, hatte doch einen sprachbewahrenden Charakter auf der Seite, auf der kein größerer Zuzug von Schwaben zu verzeichnen war und auf der wegen verwaltungstechnischer Strukturen kein größerer Austausch mit der mittlerweile schwäbisch gewordenen Stadt Friedrichshafen stattgefunden hatte.[14]

Im Jahr 2005 wohnen in Friedrichshafen über 57 000 Menschen mit einem Ausländeranteil von etwa 13 % aus 107 Nationen.

In unserer Stadt leben also längst nicht mehr nur Schwaben und Seealemannen. Es finden sich hier auch Menschen aus allen Teilen Deutschlands, ja aus allen Teilen der Welt.

Der Anteil der schwäbischen Bevölkerung in der Stadt überwiegt jedoch immer noch. Das Seealemannische ist in der Kernstadt nicht mehr wahrzunehmen, aber – wenn man bei Alteingesessenen genau hinhört – in den anderen Gemeindeteilen.

[14] Vgl. hierzu: Rolf Linse: Der Bodenseeraum als sprachliche Übergangslandschaft. Zulassungsarbeit zur wissenschaftlichen Prüfung für das Lehramt am Gymnasium im Fach Deutsch. Freiburg. 1997. S. 62 – 65. Rolf Linse, ein Häfler, der sein Abitur am Karl-Maybach-Gymnasium abgelegt hat, geht in seiner Beurteilung der sprachwirksamen Prozesse noch über unsere Auffassung hinaus. Er schreibt: „Doch nicht nur die politischen und wirtschaftlichen Veränderungen allein wirken sich auf die Sprache aus. Infolge der politischen Grenzbildung entstehen auch neue psychologische Barrieren: Die Bevölkerung in Württemberg wird ‚schwäbisch', die Bevölkerung in Baden wird ‚badisch', die in Bayern ‚bayrisch'." (S. 29)

IV. Vom Seealemannischen und Stadtschwäbischen

1. Teil: Bodàseeschwòbà und Schtadtschwòbà im Hafà

DVD IV, 1

Dialekt in Friedrichshafen
Zeitzeugen erinnern sich

2005

Fragt man Häfler Bürger, was denn das Charakteristische am Häfler Schwäbisch ist, so erhält man unterschiedliche und sich widersprechende Antworten – aber alle mit dem Bewusstsein vorgetragen, dass das Häfler Schwäbisch genau so und nicht anders ist. Jedoch gibt es nicht *ein* über Jahrhunderte gewachsenes Schwäbisch in der Stadt, sondern das von uns nun so genannte „Stadtschwäbisch" ist eine Mischung vieler regionaler Ausprägungen des ganzen Schwabenlandes, abhängig von der Herkunft des jeweiligen Sprechers. Für die einen ist das Häfler Stadtschwäbisch ein Oberlandschwäbisch, von den anderen wird die Verwandtschaft mit dem Stuttgarter Honoratiorenschwäbisch herausgestellt, die einen erkennen eine Nähe zu dem Schwäbisch der Schwäbischen Alb, wieder für andere ist es ein eigenes Schwäbisch mit alemannischem Einschlag. Alle Ansichten sind nachvollziehbar und stimmen im Detail – insgesamt also gibt es nicht *das* Häfler Stadtschwäbisch, sondern es gibt mehrere Varianten davon. Der typische Häfler Stadtschwabe ist ein „Reingschmeckter" in der ersten – bisweilen in der zweiten und schon seltener in der dritten, vierten oder gar fünften – Generation am Bodensee. Seine Kinder sind in der Regel hier geboren, also echte Häfler Seehasen.

Bei den Häfler Seealemannen, die sich selbst nicht als Alemannen, sprich Badener, sondern als Schwaben, ja als echte (!) Bodenseeschwaben, verstehen – im Gegensatz zu den Häflern, „dià wo no nià hond rääd schwäbisch schwätzà kennà", ist es etwas einfacher. Ihr Dialekt ist über Jahrhunderte hinweg vor Ort gewachsen und damit insbesondere im Wortschatz einheitlicher, wenn es natürlich auch Unterschiede zwischen den einzelnen Ortschaften in der Gegend gab bzw. noch gibt.

Das folgende Häfler Wörterverzeichnis listet nennenswerte seealemannische Begriffe auf, die von den Seealemannen auf Friedrichshafener Territorium verwendet wurden bzw. noch heute verwendet werden. Ihnen gegenübergestellt finden sich die Entsprechungen im Häfler Stadtschwäbisch, die z. T. in der Wortgestalt gleich sind, jedoch anders ausgesprochen werden. Daneben verwendet das Häfler Stadtschwäbisch viele andere Begriffe für die gleichen Inhalte. Um beim Häfler Stadtschwäbisch nicht die ganze lexikalische Bandbreite des Schwabenlandes abzubilden, sondern um eine gewisse Übereinstimmung zu erhalten, haben wir nicht die vorhin als typisch bezeichneten Häfler Stadtschwaben (reingschmeckte Schwaben, deren Kinder hier geboren sind) befragt, sondern Häfler Schwaben, die seit drei und mehr Generationen im Hafen wohnen.

Wir verwenden bei der Schreibung der alemannischen und schwäbischen Wörter weitgehend die Schriftzeichen des deutschen Alphabets und versuchen eine lautgetreue Schreibung. Allerdings lassen sich zwei für das Alemannische und Schwäbische charakteristische Laute damit nicht adäquat wiedergeben. So fügen wir zwei Sonderzeichen ein:

à als Zeichen für einen Laut zwischen a und e: Nudlà (Nudeln), fangà (fangen), à (ein) etc.

ò als Zeichen für einen Laut zwischen a und o: Schwòbà (Schwaben), Schòf (Schaf) etc.

Längungen kennzeichnen wir in der Regel durch Doppelvokale, Kürzungen durch Doppelkonsonanten.

Der lautgetreuen Schreibung entsprechend schreiben wir für den „sch"-Laut immer „sch", auch vor p und t, wo das Schriftdeutsche diesen Laut mit „sp" und „st" wiedergibt.

In wenigen Fällen weichen wir von den hier aufgeführten Schreibregeln ab, um auf die Verwandtschaft mit dem Schriftdeutschen hinzuweisen.

Willy Sohn stellt den Sachverhalt, dass es bei uns in Friedrichshafen unterschiedliche Schwaben gibt, in einigen Gedichten seines Gedichtbändleins „Drhoim ond drom rom. Schwäbisches mit Herz und Gemüt" [1] dar. Im Vorwort dazu erläutert er:

DVD IV, 2

Walter und Eberhard Sohn, die Söhne von Willy Sohn, sprechen über eine Ausprägung des Stadtschwäbischen – über das Schwäbisch der evangelischen Häfler

„Mit Humor, d. h. mit Herz und Gemüt sagen, was ‚oin druckt ond was oin freut' im Leben und dies den Freunden des Schwäbischen zu erzählen, soll Sinn und Zweck des Büchleins sein. Von mir: Als ‚Onterländer' in Sulzgries-Eßlingen 1904 geboren, als ‚Zwiebel' mit sieben Jahren (durch Umzug der Eltern) zu den ‚Spatzen' nach Ulm verpflanzt, vier Jahre später umgesetzt zu den ‚Bautzen' (Ulm-Söflingen) und jetzt schon über 50 Jahre bei den ‚Seehasen' in Manzell am Bodensee – zom Glück älles em Schwobeländle. Aber daraus erklärt sich mancher ‚Duranander' in den einzelnen Ausdrücken: I bitt om Nòchsicht und dank jedem Leser dofür…"

Bei ons

Wia s isch so isch's
Bei ons Schwobe, do isch so:
S oi isch grätig, s ander froh,
s oi bleibt ledig, s ander freit,
s oi isch domm ond s ander gscheit;
ois ischt sauber, s ander schleckig,
ois mags mager, s ander speckig,
ois hots Glück ond s ander s Kreuz,
oine schaffet, andre reuts,
ois hält Friede, s ander händelt,
s oi ischt ehrlich, s ander schwendelt,
ois ischt fei', dr ander grob,
ois ischt Häkle, s ander Klob!
S oi hilft gern de Nochbersleut,
s ander hot dozue nie Zeit;
s oi hots härt ond s ander weich,
ois kriegt gschmeichlet, s ander Streich
ond zom Schluß verbleibt als Reppes:
Jeder hot von jedem ebbes!

[1] Aus: Willy Sohn: Drhoim ond drom rom. Schwäbisches mit Herz und Gemüt. Friedrichshafen: Verlag Robert Gessler 1979. S. 7. Das Büchlein mit lebensfrohen und besinnlich stimmenden Gedichten ist leider vergriffen.

Was Willy Sohn im Hinblick auf die Charaktereigenschaften der einzelnen sagt, gilt auch für ihre Sprache: „Jeder hot von jedem ebbes!" Und damit kommen wir nun zu unserem Häfler Lexikon:

Das einzigartige seealemannische und stadtschwäbische Häfler Lexikon

mit schriftdeutscher Übersetzung sowie einer interaktiven Hörversion auf der DVD

DVD IV, 3

Seealemannisch	Stadtschwäbisch	Schriftdeutsch
à bitz	à bitzele	ein bisschen
à Gschiss machà	à Gschiss machà	ein Theater machen, viel Lärm um nichts machen
à Gschmäggle hòn	à Gschmäggle hòn	anrüchig sein
à Muggàseggele	à Muggàseggele	ein klein wenig
a wa	a wa	ach was, tatsächlich?
à wengele, à weng	à weng	ein wenig
aabläkà	aschreià	anschreien, nerven
aadòbà	alangà	anfassen, anfingern
aagäà	aagäà	angeben, prahlen
aagschirrà	agschirrà	anziehen
aahäsà	aziahà	anziehen
aaheflà	aheflà	Hefevorteig zubereiten
aaheiflà	aheiflà	„anhäufeln“ (z. B. Kartoffelstöcke mit Erde bedecken)
Aale	Aale	Liebkosung (bei Kindern)
aalegà	aziahà	anziehen
aapfurrà	apfurrà	anschnauzen
aariàfà	aruàfà	anrufen
Aaschdend	Aaschdänd	Beanstandungen
aaziichlà	aazeichlà	anlocken
äbbà	äbbà	irgendwo
äbbes	äbbes	etwas
Abdritt	Abort	Klosett
äbe	nab	hinunter
äbedroolà	nabdroolà	hinunterrollen
äbegòng	nabgangà	hinuntergehen
äbehaaglà	nabhaglà	hinunterfallen
äbelambà	nablambà	hinunterhängen
ablidrà	ablidera	prügeln
abschbiggà	abguggà	abschauen, abschreiben
àfangà	àfangà	endlich, allmählich
Affàschauglà	Affàschauglà	hochgesteckte Zöpfe (Mädchenfrisur)
aggraad	agrad	akkurat
agreeschde Zwiebàlà	agreschde Zwiebàlà	Röstzwiebel
aldbachà	aldbachà	altmodisch
Alebeck	Möwà	Möwen
all andr	all ander	jedes zweite
allàwiil	allàweil	immer
allbott	allbott	häufig
allhäck	allhäck	öfters, jeden Augenblick
Allmachtsbachl	Allmachtsbachl	ungeschickter Trottel
amml	amml	immer, jedesmal
amml wiedr	amml wiedr	manchmal, immer wieder

anand nò	anander nòch	gleich nacheinander
annà dòzmòl	annà dòzumòl	seinerzeit
ännebäbbà	nabäbbà	hinkleben
ännediigslà	nadeigslà	gerade noch hinbiegen
ännedroolà	nadroolà	hinrollen
ännehuckà	nahoggà	hinsitzen
ännekeià	nabkeià	hinunterfallen, hinunterwerfen
änneluanà	naloinà	hinlehnen
äschblitziarà	erklärà	erklären
äschdimiarà	äschdimiarà	achten, ehren
assà	assà	noch
assà nassà	assà nassà	noch nass
Awand	Roi	Ackerabschluss
Awandbeierle	–	kleiner Landwirt mit kleinen Grundstücken
Baabà	–	beschränkte Frau, Puppe
Bääfzgr	Bäfzger	Kläffer
Baarà	Baarà	Futterrinne
bääsàlà	schbigglà	herausschauen
Bäätliddà	Bätleidà	Betläuten
Babbà	Babbà	Papa
Babbàdeggl	Babbàdeggl	Pappe, Führerschein
Bäbberle	Bäbberle, Kläberle	Aufkleber
bachà	backà	backen
bachà	bachà	gebacken, übertragen: gescheit
Bachl	Bachl	Depp, Trottel
Bächtlà	Bretlà	Weihnachtsgebäck
Backschdoikäs	Backschdoikäs	Limburger
Badenggàlà	Badengà	Schlüsselblumen (Batenken)
Bädschlachà	Dräcklachà	Pfütze
bädschnass	badschnass	ganz durchnässt
Bagaasch	Bagaasch	Bagage, Sippe, Lumpenpack
bamblà	baumlà	baumeln
Bämm	Baim	Bäume
Barchet	Barchet	Inlett
bärhäm	–	lahm
Bäsle	Bäsle	Kusine, Base
Bätz/Bätzele	–	Geldstück
bauchàlà	bauchàlà	bäuchlings Schlittenfahren
Bebbàlà	Bebbàlà	Kügelchen, kleine Klumpen
Beck	Beck	Bäcker
beeglà	bieglà	bügeln
belvrà	belvrà	schießen, pulvern, knallen
Belz	Belz	Haut auf der Milch
Bettsoacherlà	Bettsoicherlà	Löwenzahn
Bettziàch	Bettziàch	Bettbezug
bhääb	pääp	knapp
Bibàlà	Bibàlà	Küken
bibàlà	rumbibàlà	an etwas herumzupfen
Bibàleskäs	Bibàleskäs	im Tuch ausgepresster Frischkäse
Bichl	Buggl	Hügel

Bier	–	Zahnleiste ohne Zähne, Zahnfleisch
Biißà	Beißà	Hautjucken
Biggele	Biggele	kleiner Hügel
bigoscht	bei Gott	tatsächlich
Biigà	Beig	Holzstapel
Bilverlà	Bilverlà	Pulver (Medizin)
Birling	–	Heuhaufen
Birràbòmm	Biaràbaum	Birnenbaum
Birràbrot	Biaràbrot	Früchtebrot
Bis riabig!	Sei ruig!	Sei still!
Bix	Bix	Blechbüchse
blääderlà	blääderlà	1. in kleinen Blasen aufsteigen 2. Alkohol trinken
Bläatz	Blätz	Flicken
Blähmille	Blähmiehle	Blähmühle (landw. Gerät)
bläkà	gragelà	hinausschreien (bläkà auch: tuten)
blärà	heilà	weinen
bleed	bleed	dünn (bei Stoffen)
Bliibsch bi iis!	Bleibschd dò!	Bleib doch bei uns!
blòòsà	blòòsà	blasen, stürmen
Blòter	Blòter	1. Blase 2. einfältige Frau
blotzà lòssà	blotzà lòssà	fallenlassen, im Stich lassen
bluijà	vrhauà	verhauen
blutt	blutt, nacked	nackig
Bodàbirrà	Kartofflà	Kartoffeln

Eine kleine Anmerkung zu „Bodàbirrà" und „Kartofflà":

Den alemannischen Begriff „Bodàbirrà" haben wir im Stadtschwäbisch nur mit „Kartofflà" wiedergegeben. Dies ist nicht ganz korrekt, weil die Häfler Stadtschwaben mehrere Begriffe für Bodàbirrà verwenden. Aber genau dadurch lässt sich die Problematik eines Wörterverzeichnisses verdeutlichen. Wenn wir alle stadtschwäbischen Synonyme für „Bodàbirrà" eingefügt hätten, dann hätten wir unter der Rubrik „Stadtschwäbisch" ein gesamtschwäbisches Wörterverzeichnis erstellen müssen. Die Beschränkung auf eine Variante, die von Häflern seit mindestens drei Generationen verwendet wird, stellt eine bewusste Reduktion dar, die Ungenauigkeiten in Kauf nimmt.

Wenn Sie aber wissen wollen, woher welcher Stadtschwabe stammt, dann können Sie ihn nach seiner schwäbischen Bezeichnung für „Bodàbirrà" fragen. Mit Hilfe der nebenstehenden Karte können Sie seine Herkunft lokalisieren. Noch einfacher wäre es allerdings, wenn Sie ihn direkt nach seiner Herkunft fragen. Aber wer will schon immer direkt sein?

bogglà	bogglà	klopfen, hinfallen, pochen
Bohnà schdupfà	Bohnà schdupfà	Bohnensamen in die Erde legen
Bollà	Bollà	Kugel, Klumpen
Bòmm	Baum	Baum
Bòmmbigger	Schbächd	Specht
Bòntscher	Gaul	Ackergaul
Bòòle	Bòòle	dicker Kater, Schlepprechen
Bòòtschà	Schlabbà	Hausschuhe, Schlappen
boozgà	boozgà	etwas anstellen, vermasseln
Boschà	Boschà	Busch, Strauch, Haare
Botschambr	Soichhafà	Nachttopf
Bott	Boschdbodd	Briefträger
Bräàmà	Bräàmà	Bremsen
Bräàntà	Holzzuber	Holzkübel, Spülschüssel
brädschà	brädschà	Hülsenfrüchte aus ihrer Schale lösen
Bräschdà	Bräschdà	körperliches Gebrechen
bräschdhaft	bräschdhaft	gebrechlich
Bräzgà	Bräzlà	Brezeln
breelà	breelà	schreien, brüllen
Breelhäge	Breelhäge	Schreihals
Breesàlà	Bresàlà	Brotkrümel
Breggl	Breggl	Brocken
Briàz	Briàz	Spreu, Kleingeld
Briige	Holzroschd	Holzrost
Briimääl	Breimäl	geschrotetes Getreide, Breimehl
broggà	broggà	pflücken
broleedà	broleedà	angeben, prahlen
Bròòmiger Friddig	Brummiggà Freidag	Freitag nach dem Gumpigen Donnerstag
bruàdig	briàdig hoiß	brütend heiß
Bruck	Bruck	Brücke
bruddlà	bruddlà	schimpfen, maulen
Brunnàmaikerlà	Salamander	Salamander
bschiàsà	bschiàsà	gut von der Hand gehen, gelingen
Bschidde	Lachà	1. Gülle 2. Rest im Glas
bschiißà	bscheißà	betrügen
buàbàlà	buàbàlà	blödeln
Buàbàschbitzlà	Buàbàschbitzlà	Schupfnudeln
Buggl	Buggl	Rücken
bugglgräzàlà	huckepack nemmà	Kinder auf dem Rücken tragen
Bugglweh	Greizweh, Bugglweh	Kreuzschmerzen
bullà	bullà	bellen, stark husten
Buschelebock	Buschelesbock	Gerät zum Reisigbinden
Buscher	Geile	junges Pferd
Buschl	Buschele	Bündel (Getreide, Kräuter, Haare,...)
bussiàrà	bussiàrà	flirten, schmusen
Butzà	Butzà	abgenagtes Kerngehäuse, Abfall vom Obstessen
Butzàgäggeler	Butzàgägge	Vogelscheuche
Butzàmaa	Butzàmaa	Vogelscheuche
Butzele	Butzele	Baby
Buuch	Bauch	Bauch

Buur	Bauer	Landwirt
däännà	diebà	drüben
Dääz	Dääz	Kopf
däbbàlà	däbbàlà	kleine Schritte machen
Daddere	Dadderich	zittriger alter Mann, Tattergreis
daddrà	daddrà	zittern, frösteln
Däfer	Däfer	Holzverschalung, Täfelung
Dangl	Dangl	Dengelstock
Dännà	Dännà	Tenne, Speicher
dauber Siàch	dauber Siàch	doofer Depp
Dàwiil	Dàweil	Zeit
dàwiil	drweil	inzwischen
Debbich	Debbich	Wolldecke, Teppich
dedderlà	dämmrà	verstehen
denglà	denglà	(Sense) dengeln, draufhauen
Des hòt àn Schlanz!	Des hòt en Schlanz!	Das hat Dynamik! / Das ist gut!
dett	dett	dort
Diàsl	Deigsl	Deichsel
diigslà	deigslà	etwas hinbiegen, deichseln
diin	dein	dein
dinnà	dinnà	drinnen
Dinneddà	Dinnete	Hefefladen
Doggàbaabà	Pipplà	kleine Püppchen
dòhannà	dòhannà	genau hier, hier
doiged	doiged	lahm, kraftlos, teigig
Dolder	–	Baumkrone
Dolgà	Dolgà	Kleks, Makel
dollohrig	dollohrig	schwerhörig
dondàrschlächdig	dondrschlächdig	arg, verdammt
Dòòbà	Dòòbà	Hände
Dòòber	Dòòber	Fingerabdrücke
dòòbig	dòòbig	ungeschickt
dòòdàlos	dòòdàlos	bewegungslos, geschmacksarm, fade
Doodàmòhl	Doodàmòhl	Essen im Anschluss an die Beerdigung
drääzà	drääzà	trietzen, quälen
driàlà	driàlà	kleckern
Driàler	Driàler	1. Latz 2. langsamer Mensch
dricknà	drocknà	trocknen
Driibl	Driibl	Kurbel
Driigl	Driigl	Futtertrog, Sautrog
drillrà	drillrà	drehen, trillern
drimmlig	drimmlig	schwindelig
Dromm	Dromm	großes Stück
Dròòdler	Dròòdler	Trödler, langsamer Mensch
Drooler	Drooler	abgesägtes großes Rundholz
Dschoobà	Kiddl	Joppe, Jacke
Duàchend	–	Betttuch
dundà	dundà	unten
dunggà	dunggà	eintauchen, tunken
Dunschdig	Donnerschdag	Donnerstag
durànand	durchànand	durcheinander

durre	durch	durch
dussà	dussà	draußen
ehnder	ehnder	eher
Ehràgsell	Ehràgsell	Trauzeuge
Ehràjungfr	Ehràjungfr	Trauzeugin
eihaagà	eihaagà	einen Zaun ringsum bauen
en gladdà Vedder	en luschdigà Vedder	ein lustiger Mensch
en Graddl hòn	en Graddl hòn	sich auf sich etwas einbilden
Endàglemmr	Endàglemmr	kleinlicher Mensch (Entenklemmer)
Epflbutzà	Epflbutzà	Apfelkerngehäuse
etzedle	jetzedle	endlich
Fäàgneschd	Fäàgneschd	unruhiges Kind
Fadàdrooler	Fadàroller	Fadenspule
Fähl	Fähl	Wunde
Fährle	Fergele	Ferkel
Fangedles	Fangerles	Fange-Spielen
Fehre	Sauschdall	Unordnung
fei	fei	(verstärkendes Beiwort:) denn, übrigens, wohl
Fiidig	Feierdag	Feiertag
Fiidlà	Fiidlà	Hintern
figelant	–	elegant, flott
firbà	firbà	kehren, putzen
firdig	firchdig	fürchterlich, arg
Firker	Schittschdoi	Abwasserschacht, Spülstein
firm	firm	fähig, fit
firre	firre	nach vorne
firse	vorwärts	vorwärts
Fisimadendà	Fisimadendà	Umschweife, Vorführung
flàädrà	verrupfà, verfläddrà	zerfleddern
Flääädràwisch	Fäädràwisch	1. Federn zum Abstauben 2. kleine hagere Person
fladiarà	fladiarà	schmeicheln, betteln
Flädlàsupp	Flädlàsupp	Suppe mit Pfannkucheneinlage
Fliàgàdätscher	Fliàgàdatscher	Fliegenklatsche
freche Siàchà	freche Siàchà	ungezogene Kinder
Friddig	Freidag	Freitag
fuàderniidig	fuàderneidig	geizig, futterneidig
fuàßlà	fuàßlà	rennen, mit den Füßen Kontakt aufnehmen
fuchsà	fuchsà	ärgern
fugsdeiflswild	fugsdeiflswild	sehr wütend
Funzl	Funzl	Leuchte, dümmliche Frau
gäà	gäbà	geben
Gäàlriàblà	Gälbriablà	Karotten
Gääls Wägele	s gelbe Wägele	Alltagskutsche der Bauern (gelb gestrichen)
gäbàlà	gäbàlà	jemanden ärgern, triezen necken
Gaggàlà	Oier, Gaggàlà	Eier (verniedlichte Form)
gäggelig	–	wackelig
gambà	gambà	wackeln, wanken, schaukeln

Gaudschà	Schaugl	Schaukel, Wippe
Gaudschàdà	–	etwas Instabiles
Gebbl	Gebbl	altes Fahrzeug, alte Dreschmaschine
Gedde	Gedde	Pate (vorwiegend im katholischen Sprachgebrauch)
Geddebäs	Geddebäs, Geddedande	Frau des Paten
Geldà	Zuber	Holzgefäß
gfäärle	gfährlich	gefährlich
gfräß	gfräß	gefräßig, gut im Futter stehend
Gfrett	Gfrett	leichter Ärger
gheerig	gheerig	ziemlich, arg
Gidderle	Fläschle	kleine Flasche
Gigambede	Gigambede	etwas Wippendes
gigampfà	gigampfà	wippen
giggelà	schbiggà	(heimlich) herausschauen
Giggeler	Goggeler	Hahn
Gischbl	Gischbl	nervöser Mensch
Gladdrà	Gladdrà	Dreckkrusten
Gläfflesschiißer	–	kleinlicher Mensch
glamm	glamm	nasskalt
Glammhòòkà	Glammhòòkà	kleinlicher Mensch
Glepfgelde	–	knatterndes Fahrzeug
gliibà	glemmà	kneifen, zwicken
gliich	gleich	gleich
Glonker	Glonker	einfacher, einfältiger Mensch
Glòòsàmaa	Glòòsàmaa	gebackener Hefenikolaus
Glòòs	Glòòs	Nikolaus
gloschdà	gloschdà	glühen, glimmen
Glotzbebbl	Glotzbebbl	Augen
Glufà	Glufà	Nadeln, Stecknadeln, Sicherheitsnadeln
Glufàmichl	Glufàmichl	kleinlicher Mensch, Geizkragen
Gluggà	Glugg	Bruthenne
Glugger	Glugger	Murmel
Glump	Glump	lumpiges Zeug, liederliche Sache
Gluschdà	Gluschdà	Gelüste
Gmoindshäge	Gmoindshäge	Gemeindebulle
gniàgàlà	gniàgàlà	reichen, sättigen
Gnischd	Reis	kleingehacktes Reisig
gòàzgà	goàzgà	husten und keuchen
Goddà	Goddà	Patin (kath. Sprachgebrauch)
Goiß	Goiß	Ziege
gòng	gangà	gehen
goobà	goobà	spielen, balgen
Goofà	Goofà	Kinder
gòòmà	s Haus hiatà	das Haus hüten, während der Rest der Familie im Gottesdienst ist
goschà	goschà	maulen, beschweren
Goschàhobl	Goschàhobl	Mundharmonika
gotzig	gotzig	einzig
grääbslà	gräbslà	kriechen
Grääddà	Gräddà	Korb

Gräbele	Gräbele	Bettritze, Spalt im Doppelbett
graddlà	graddlà	gehen, bewegen, schaffen
gräig	grädig	verärgert, schlecht gelaunt, mürrisch
Granadàseggl	Granadàseggl	ungeheuer doofer Mensch
Gratzàde	Gratzàde	zerstückelte Pfannkuchen
Gretzer	Gretzer, Gretz	Kratzer, Schürfwunde
Griàse	Griàse	Kirschen
Griàseschdinger	Griàseschdinger	Blattwanze
Griffl	Griffl	Hände, Finger
griisà	greisà	kreisen, kriechen
Grimmà	Grimmà	Bauchweh
Grind	Grind	Kopf, Dickkopf
Grindweh	Grindweh	Kopfschmerzen
Groddà	Groddà	Kröten
groddàfalsch	groddàfalsch	total falsch
gruàbà	gruàbà	ausruhen, dösen
gruschdlà	gruschdlà	durchstöbern, herumsuchen
Grutt	Graut	Kraut
Gruuschd	Gruuschd	unnützes Zeug, Krempel
Gsälz	Gsälz	Marmelade
Gschbaanà	Gschbaanà	Gefährte, Genosse
gschbäßig	gschbäßig	1. spaßhaft 2. merkwürdig, eigenartig
Gschdäldle	Leible	Leibchen
gschdumbed	gschdòmbed	klein, zu kurz geraten
gschirrà	gschirrà	miteinander umgehen, zusammenarbeiten
gseit	gsagt	gesagt
gsii	gwäe, gwäsa	gewesen
gsottne Bodàbirrà	gsottne Kartofflà	Pellkartoffeln
guàd gròòdà	guàd gròdà	gut geraten
Guàdslà	Guàdselà	Süßigkeiten, Bonbons
Gudder	Gudder	Flasche
gudrà	gudrà	blähen
Guggl	Guggl	Tüte
Gugummer	Gurk	Gurke
Gumpà	Gumpà	Wasserloch
Gürdler	Gürdler	Reishackbeil
guutschà	gautschà	schaukeln, hin und her wippen
ha noo	ha no	na sowas
hà?	hà?	Wie bitte?
haagàbiàchà	haagàbiàchà	grob, ungehobelt
haanàbiàchà	haanàbiàchà	unverschämt, unerhört
häánná	hiebà	herüben, diesseits
hääzà	kläättrà	klettern, hinaufgehen
Hab	Hab	Vieh (mehr als 3 Kühe)
Habergoiß	Habergoiß	1. übermütiges Mädchen 2. dürres Weibsbild
Hack	Hack	Habicht
Hafàwaar	Hafàwaar	Kinderschar aus Friedrichshafen
Häfele	Häfele	Kindertopf
Häfler	Häfler	Friedrichshafener
hälingà	hälingà	heimlich

Hampfl, Hempfele	Hampfl, Hempfele	eine Handvoll, eine kleine Hand voll
Heer!	Lòss sei!, Heer auf!	Hör auf!
heibà	haià	heuen (heibà auch: unruhig hin und her drehen)
Heidànei!	Heidànei!	Interjektion im Sinne von: So etwas aber auch!
heldà	kippà	ein Gefäß neigen
Hendschà	Hendschà	Handschuh, kleiner Mensch
Hennàdäbberlà	Hennàdäbberlà	kleine Schritte
Hennàfiàrzle	Hennafiàrzle	Lapalie
Hennàhaag	Hennàhaag	Zaun für Hühner
Hennàmelker	Hennàmelker	unpraktischer Mensch
Herzer	Herzer	Busen
Hicker	Häcker	Schluckauf
hiinà	heilà, blärà	weinen, jammern
Hiiser	Heiser	Häuser
hindà däànnà	hindà diebà	ganz hinten
hindà hott gong	hindà hott gangà	daneben gehen, verspielen
hinderse	hindre	rückwärts
hindràfier	hindràfier	verkehrt, verwirrt
Hirtgsottne	Hartgsottne	nicht unter zu kriegende Menschen
hit Òbed	heit Òbed	heute abend
hòàkle	hoigl	heikel
hofele	hofele	vorsichtig, langsam
Hofinger	Hofinger	Friedrichshafener aus Hofen
hohschduubà	hohschdubà	ratschen, tratschen (in der feineren Hochstube)
Hohzit	Hochzeit	Hochzeit
hoi!	hoi!	hoppla!
Hoizà	Hoizà	Gestell, um Heu zu trocknen
Holder	Holder	Holunder
Hopfàdeere	Hopfàdarre	Hopfendarre
Hòsches griàd?	Hòsches griàgt?	Hast du es bekommen?
hot	hot	rechts herum
hòttà	–	fertig, aus, basta
Huàmbsuàchàdà	Hoimbsuàchàde	Krankenbesuch im Haus des Kranken
Huàmmàd	Hoimàd	Heimat
huàrniglà	haglà	hageln
huàrniglà	iglà	das Gefühl spüren, wenn unterkühlte Körperteile warm werden
Hubbl	Hubbl	kleine Erhebung, Hügel
huckà	hoggà	hocken, sitzen
Humbà	Humbà	Krug, Trinkgefäß
Hummeler	Hummel	Hummel
hundsliàderlich	hundsliàderlich	sterbenselend, liederlich
hurglà	hurglà	unzuverlässig und schlampig arbeiten, rollen
Hutt	Haut	Haut
Hutzàbutzàlà	Hutzàlà	kleine Ferkel
Hutzl	Hutzl	1. Schwein 2. schmutziges Kind 3. gedörrte Birne

Hutzlbrot	Hutzlbrot, Birràbrot	Früchtebrot
huudlà	hudlà	sich beeilen, hetzen
Huus	Haus	Haus
Huusere	Hausere	Pfarrhaushälterin
idd ganz bachà	idd ganz bachà	nicht ganz gescheit
iddà	iddà	nicht
iiberhobbd	hudlig	übereilt, oberflächlich
iibersiibrse	iibersiberse	über sich hinüber
Iidinschdeds	Eidindschdeds	Eingedünstetes, sterilisierte Lebensmittel
Iigmachds	Eigmachds	Eingemachtes
Iisàbaa	Eisàbaa	Eisenbahn
Iisere	Unsere	Verwandtschaft
im Ugräächàdà	im Ugräächàdà	im Hinterland, abseits
inne	nei	hinein
innegong	neigangà	hineingehen
Irml	Ärml	Ärmel
iser	unser	unser
Jesesfetz	Jesesfetz	durchtriebener Mensch
juggà	juggà	1. hüpfen 2. jucken
juzgà	juzgà	jauchzen
kääfràfiidlàdroggà	kääferfiedlàdroggà	furztrocken
Käàr	Keller	Keller
Käàrschdääga	Källerdräbbà	Kellertreppe
Käbbsàlà	Käbbsele	intelligenter Mensch
Käbsàlàsbischdol	Käbbselesbischdol	Faschingspistole
Kächele	Kächele	kleiner Topf oder kleine Fliese
Kachl	Kachl	Topf
kalääs	kalääs	heikel
Kämme	Kamii	Kamin
Kämmekäs	Rauchfloisch	Rauchfleisch
Kandà	Kannà	Kanne
Kandl	Kandl	Straßenrinne
Kannàbee	Kannàbee	Sofa
Kaschdà	Kaschdà	Schrank
Katzàmiesàlà	Katzamiesàlà	Kätzchen
Kätzlà	Kätzlà	Weidenkätzchen
kebelig	kebelig	ekelig, nasskalt
Kehrwisch	Kehrwisch	Kehrbesen
keià	keià	werfen, hinfallen
Kiàchlà	Kiàchlà	Fettgebackenes
Kidderfiidlà	Kidderfiidlà	ein kichernder Mensch
Kirbe	Kirbe	Kirchweihfest, leichter Ärger
Kirbsà	Kirbis	Kürbisse
Kisseziàch	Kisseziàch	Kissenbezug
Kläfflesschiißer	–	kleinkarierter Mensch, Kleinbauer
Klemmerle	Klemmle	Haarspange
Knepflà	Knepflà	tropfenförmige Spätzle
knitzged	knitzig	verschmitzt
Knooz	Knooz	Dreck
knoozig	knoozig	weich, matschig
knuilà	kniàlà	knien

Kog	Kog	seltsamer Mensch
Koldr	Koldr	Schleimauswurf
Komm mr doch auf d Kirbe!	Komm mr doch auf d Kirbe!	Reg mich nicht auf!
koppà	koppà	rülpsen, aufstoßen
kròòmà	kròòmà	einkaufen, shoppen
Kuapflädder	Kuahfladà	Kuhfladen
Kuche wiißlà	Kiche weißlà	die Küche weißeln
Kuglfuhr	Kuglfuhr	Kugelfuhr
Kummet	Kommet	Kuhgeschirr
Kunde	Kunde	Landstreicher
Kutzàbòhnàlà	Kutzàbòhnàlà	Graupel
lääbig	lääbig	aufgeweckt
läàch	läch	undicht (Holzfässer, die lecken, sind läch)
läàffrà	driàlà	speicheln (z. B. Hunde, Pferde lääffràd)
läàfrà	lääfrà	viel schwätzen
läàtz	lätz	verkehrt
läàtzrum	lätzrum	falsch herum
Lachà	Lachà	Pfütze, Gülle
Lachàfass	Lachàfass	Jauchefass
Lachàschapfà	Lachàschapfà	Gülleschöpfer
lädàlà	lädàlà	einen Einkaufsbummel machen
Läddàgschwätz	Läddàgschwätz	dummes Gerede
Laddàhaag	Laddàhaag	Lattenzaun
lahmarschig	lahmarschig	langsam, behäbig
Lällà	Lällà	Zunge
lambà lòò	lambà lossà	hängen lassen
langà	langà	1. reichen, genügen 2. greifen
langlächt	langlächt	der Länge nach
Lätsch	Lätsch	Unterlippe, Mund
Latsche	Latsche	großer Mensch, Lümmel
lätschig	lätschàd	weich
Laugàrlà	Laugerlà	kleine Köderfische für Angler (winzige Weißfische)
Leffl	Leffl	Ohren
Leibàràr	Zäck	Zecke
liadàrle	liàdrig	liederlich
liddà	leidta	läuten
Liich	Leich	Beerdigung
liis	leis	geschmacklos, salzarm, fad
lind	lind	durch(gekocht), gar, lau
Lòàdlitt	Drauerleit	Trauerfamilie
Lòàsà	Loisà	Fahrspuren
loddelà	loddelà	kippelig sein, lose sein
loddrà	loddrà	wackeln, locker sein
loddrig	loddrig	nicht fest, gebrechlich, wackelig
loibà	loibà	den Teller nicht ausessen, übriglassen
Loibàde	Loibàde	Essensreste
lòò	lossà	lassen
Loos	Loos	Mutterschwein
loosà	loosà, heerà	zuhören
luàgà	luàgà, guggà	schauen

Luàmm	Lehm	Lehm
luànà	loinà	anlehnen, lehnen
luck lòò	luck lossà	los lassen, von etwas ablassen
Luggeseskääs	–	im Tuch ausgepresster Frischkäse
Lumbàziàg	Lumbàzuig	Lumpenzeug: nichts Rechtes
lummelig	lummelig	weich
lupfà	lupfà	heben
Luugàbeidl	Luugàbeidl	notorischer Lügner, Schwindler
Luuse hòn	Luuse hòn	frei sein, Freizeit haben
Määdig	Mondig	Montag
Mäàlbäpp	Mäàlbäpp	Mehlkleber
Määrzàriiselà	Märzàriisàlà	Sommersprossen
Määrzàschiiss	Rossmuggà	Sommersprossen
Mädlà	Mädlà	1. Mädchen 2. Heumaden
manglà	manglà	entbehren, zu wenig von etwas haben
Mäschgrlà	Mäschgrlà	Hästräger, Narren, verkleidete Kinder
Meedàlà	Meedàlà	Gewohnheiten
meichdelig	meichdelig	muffig
Melcher	Melcher, Lewàzah	Löwenzahn
Migdig	Middwoch	Mittwoch
miin	mein	mein
Miis	Meis	Mäuse
Mill	Milch	Milch
mind	mind	schlecht
Mischd schbroidà	Mischd broidà	Mist ausbreiten
Mischde	Mischde	Komposthaufen
moànamorgà	morgà friàh	morgen früh
moddà	moddà	glimmen, rauchen
Moggàlà	Moggàlà	1. Kälbchen 2. junge Hasen
moi moi	moi moi	Obacht!, Wehe Dir!
Moiàgägge	Moiàgägge	Maikäfer
monggà	monggà	jammern, quengelig sein
Monk	Monk	Nörgler
Mòsà	Mòsà	Flecken, Druckstellen
muffàlà	muffàlà	muffig riechen
Muggàfugg	Muggàfugg	dünner Kaffee
Muhaggl	Muhaggl	derber Mensch, Besserwisser
muksà	muksà	sich rühren
Mullà	Mullà	Staubknäuel
muudrà	maudrà	kränkeln, lahm werden
Muul	Maul	Mund, Maul
Muus	Maus	Maus
naakeijà	nafallà	hinfallen
näàmmà	äàbbà	irgendwo
näàmmes	äàbbes	etwas
nääsch	närsch, grädig	beleidigt, schlecht gelaunt
Nägàlà	Nägàla	1. Gewürznelken 2. Nelkenblumen
Nahnà	Großmamà	Großmutter
Nähne	Großbabbà	Großvater
naidabbà	naidabbà	hineintreten, auf etwas hereinfallen

nannà nab	nannà nab	ganz hinunter, auf der ganzen Strecke hinunter
näschdà	näschdà	unruhig sein, sich im Bett herumwälzen
Nassbächt	Wasserweggà	genetztes Brötchen
niàtz	nix	nichts
niàzigs Glump	nixigs Glump	nicht zu gebrauchende Gegenstände
niinà	nirgens	nirgendwo
Ninemòhlà	Miehleschbiel	Mühlespiel
Nischl	Nischl	Kopf
Nòbuur	Nòchbr	Nachbar
nuàlà	wuàhlà	wühlen, viel arbeiten
nummà	nimme	nicht mehr
nummà luck lòò	nimme luck lòssà	nicht mehr locker lassen
obànaa	obànaa	mindestens
Ofàschlupfer	Ofàschlupfer	süßer Brotauflauf
oi gotzigs Mòl	à gotzigs Mòl	ein einziges Mal
oi Òi	oi Òi	ein Ei
Òicherle	Òicherle	Eichhörnchen
Òiderpfitzle	Òiderpfitzle	kleines Eiterbläschen
oin fobbà	oin fobbà	jemanden necken
Òisà	Òisa	Furunkel
Peterle	Peterling	Petersilie
Pfiàte Gott	Pfiàdte Gott	Ade / Behüt' Dich Gott
pfitzà	pfitzà	mit der Peitsche leicht schlagen
pfläddrà	pfläddrà	1. im Wasser herumplätschern 2. kleksen
pfluudrà	pfludrà	1. flattern, mit den Flügeln schlagen 2. ausprusten
pfluudrig	pfludrig	leicht, zerzaust, locker, flatterhaft
pfuuzgà	pfuzgà	zischen
Quadratslaatschà	Quadratlaatschà	große Füße
Quätschkommood	Quätschkommood	Akkordeon
rääd	rächt	richtig
rääng̀alà	drepflà	nieseln, leicht regnen
rääs	rääs	scharf (Käse), derb
rab	rab	herunter
Rädle Wurschd	Rädle Wurschd	Scheibe Wurst
Randich	Rode Riàbà	Rote Beete
Ranggà	Ranggà	Bogen Brotanschnitt
Ranzà	Ranzà	1. Bauch 2. Ranzen
Ranzàpfiifà	Ranzàpfeifà	Bauchweh
Ratz	Ratt	Ratte
ratzebutz	ratzebutz	alles, ganz
reesch	reesch	knusprig
Reigschmeggder	Reigschmeggder	Zugezogener
Renggàle	Renggàle	Brotanschnitt
–	Reppes	Reibach, Gewinn
Riàbàmille	Riàbàmiehle	1. Rübenmühle 2. lautes Fahrzeug
riàbig	ruig	ruhig, still
riàfà	ruàfà	rufen
Riàschder	Lääderbläätz	Lederflicken

Riibàlà	Riibàlà	Suppeneinlage (Mininudelbrösel)
Riibàle	Riibàle	Brotanschnitt
Riibl	Riibl	1. Kopf 2. Pfannenbürste
Riifle	Riifle	kleine Wundkruste
ringàr	ringàr / ehàr	leichter, besser, eher
Ringloddà	Ringloddà	Reineclauden, Renekloden
ròiflà	ròiflà	rennen
Rossbollà	Rossbollà	Pferdeäpfel
rottlà	rottlà	rütteln, schütteln
Rotzkengl	Rotzkegl	Rotz unter der Nase
Rotzleffl	Rotzleffl	ungehobelter Jugendlicher
ruàmmà	raimà	räumen
ruàslà	ruàslà	schnarchen
Rui	Roi	Rain, Hang
rumbiibàlà	rumbiibàlà	zupfen, stochern
rumgraddlà	rumgraddlà	herumschaffen
rumgraudrà	rumgraudrà	schaffen (nicht lukrativ)
Rumpflà	Rumpflà	Falten
Runklà	Rungglriàbà	Rüben
ruubes und schduubes	rumb und schdumb	ganz und gar
Ruufà	Ruufà	Wundkruste
Säàgàs	Säges, Sensà	Sense
säàll	säll	jenes
säàllàmòòl	sällmòl	damals
säàller	säller	jener
sabbràmentnomòòl	heidànai	sapperlott
Samschdig	Samschdag	Samstag
sauà, sauàlà	sauà, sauàlà	rennen
schäàbbs	schäbbs	schräg, schief
Schäddàlà	Schäddàlà	Wilde Möhre
schaluu machà	schalu machà	nervös machen
Schapfà	Schepfer	Schöpfkelle
schärrà	schärrà	kratzen
schärrig	schärrig	nervös, agil
Schbächdàlà	Schbächdàlà	gespaltenes Kleinholz zum Anfeuern
Schbätzlà	Schbätzlà	geschabte Eiernudeln
schbeerà	Bräàms aziàh	bremsen, abwehren
Schbeis	Schbeis	Speisekammer, Abstellraum
Schbengàrlà	Schbengàlà	Haarspange
Schbereglà	Schberaiglà	Stiefmütterchen
schbigglà	schbigglà	herausschauen, abschreiben
Schbiißà	Schbeißà	Spreisel
Schbrenzàr	Schbrenzr	Sprenger, Gießkannenaufsatz
Schbruchbeidl	Schbruchbeidl	Sprücheklopfer, Angeber
schbuizà	schbuggà	spucken, speien
Schdäàgà	Schdiàgà	Treppe
Schdäaggàbürschdà	Schdäggàbürschd	Schrubber
Schdallhääs	Schdallhäs	Stallkleidung
Schdandà	Schdandà	1. Steingutbottich 2. stark gebaute Frau
schdärrig	schderrig	störrisch
Schdeffl	Schdiàg	Treppenstufe

Schdeggle	Schdeggle	Käse in Quaderform (Blumenstock, Stöckchen)
Schdendele	Schdendele	kleiner Steingutbottich
schdiàrà	schdiàrà	stieren, gaffen
schdibbig	–	stippig
schdiibiizà	schdiibiizà	heimlich wegnehmen, klauen
Schdimble	Schdimble	Rest im Glas
Schdoffl	Schdoffl	maulfauler (unhöflicher) Mensch
schdoggàlà	schdoggàlà	stolpern
schdong	schdandà	stehen
Schdoorà	–	alter unrentabler Obstbaum
Schdòrzà	Schdòrzà	Strunk, Stumpf
schdrääblà	schdrääblà	strampeln
Schdrääl	Schdrääl	Kamm
schdrabbelig	schdrabbelig	schwer zu bändigen
Schdriize	Schdriize	Lausbub
schdruàlà	schdriàlà	sich herumtreiben
schdrudlà	schdrudlà, kochà	kochen (Wasser)
Schdui	Schdoi	Stein
Schdumbà	Schdumbà	etwas Kurzes, Getränkerest, Zigarre
schdupfà	schdupfà	antippen, pieksen
Scheesà	Scheesà	Kinderwagen, Kutsche
Schelfrà	Schelfrà	Schalen von (Hülsen-)Früchten
schiàgà	schiàgà	im Schlurfgang laufen
Schidde	Biehne	Getreidelagerplatz, heute auch Bühne
Schiffle	Schiffle	Wasserbehälter im Herd
schirà	schirà	Holz ins Feuer nachlegen
Schittschdui	Schittschdoi	Spültisch aus Stein
schlabuuchlà	schlabauchà	keuchen, schlapp machen
schläggig	schläggig	heikel, verwöhnt
Schlanz	Schlanz	Riss
schleezig	schloozig	matschig, gallertartig
Schlenzer	Schlenzer	Riß, Kratzer, unkontrollierte Lenkbewegung
Schliifàde	Schleifàde	Glatteis
schloàpfà	schloifà	1. schleppen 2. schleifen
schlotzà	schlotzà	lutschen
Schlotzer	Schlotzer	Lutscher
schludrà	schludrà	schlampig erledigen
Schlupfedles	Verschdegge	Versteckespiel
Schmatz	Schmatz	Kuss
schmeckà	schmeckà	duften, riechen
schmirbà	schmierà	schmieren
schnäägà	schnägà	heikel sein
Schnädder	Ratschkachl	Schwätzerin, Klatschmaul
schnäddrà	schnäddrà	rattern, knattern, aber auch ratschen
Schnäpprle	Schnäpprle	Mofa
Schneizduàch	Sackduàch	Taschentuch
schnellà	schnellà	knallen lassen
schnipflà	schnipflà	schneiden, schnitzeln
schnòrrà	bruddlà	maulen

Schnòrrà	Schnòrrà / Gosch	Mund (abfällig)
Schnorràgiigà	Schnorràgeigà	Schwätzerin, Mundorgel
Schobbàle	Schobbàle	Fläschchen
Schochà	Schochà	Haufen
Schollà lachà	Schollà lachà	herzhaft lachen
schoofl	schoofl	ungehobelt, unhöflich
Schòòfseggl	Schòfseggl	Schimpfwort: Dummkopf
Schooß	Schurz	Frauenschürze
Schopf	Schopf	kleine Scheuer
Schuàbendl	Schuàbendl	Schnürsenkel
schuggà	schuggà	stoßen, anrempeln, schubsen
Schuur	Schuur	schwere Arbeit
schuuriglà	–	zur Arbeit antreiben
schwanzà	schwanzà	hin und herbaumeln, sich herumtreiben
Schweizer	Schdall-Schweizer	Knecht fürs Milchvieh
schwenzà	schwenzà	absichtlich einen Termin versäumen
Schwitzer	Glòs, Glòsamaa	Gebäck in Männchenform zu Nikolaus
Se!	Dò hòsch s!	Da! Nimm!
seddigger	seddiger	jener, welcher
Seegfreerne	Seegfreerne	Bodensee im zugefrorenen Zustand
Seffà	Seffà / Blòòder	Schimpfwort für unbeliebte Frau
sell	sell, des	jene
Siàch	Siàch	Spitzbube
sich abdagglà	sich abdagglà	bis zur Erschöpfung schaffen
Siddàschdròòß	Seidàschdròß	Seitenstraße
siinerzitt	seinerzeit	seinerzeit
Simblsfransà	Simblfransà	Ponyschnitt
soodàle	soodàle	also
sottige	settige	solche
suddrà	suddrà	köcheln
sudlà	sudlà	1. heftig regnen 2. beim Malen schmieren
suggàlà	suggàlà	Sauerei machen, etwas verschütten
Sundig	Sonndag	Sonntag
Sundigshääs	Sondagshäs	Sonntagskleidung
Suu	Sau	Sau
tribàliàrà	tribàlirà	quengelnd antreiben
Trullà	Trullà	dümmliche Frau
Tschòòle	Tschòòle	schwerfälliger Mensch
uànàwääg	oinàwääg	trotzdem
uffe	nauf	hinauf
uffegòò	naufgangà	hinaufgehen
Ufirm	Ufirm	schlechte Gewohnheiten
um duà	um duà	umdrehen, fällen
umànand	umànand	umher
umànandàrkesslà	umànandrkesslà	umherfahren
umànandàrschdruàhlà	umànandrschdriàlà	sich herumtreiben
umàsuschd	umàsonschd	umsonst, kostenlos
umme	num, niebr	hinüber
undersiibrse	durchànand	drunter und drüber
usàrhuus	ausheisig	weg von daheim
use	naus	hinaus

uukomood	uukomod	unhandlich, unbequem
uuliidig	uuleidig	ungeduldig, quengelig
uunedig	uunedig	unnötig
uusgruàbà	ausgruàbà	ausruhen, dösen
vàblembrà	vrblembrà	Geld (sinnlos) ausgeben
vàbudlà	vrbudlà	zerknüllen
vàbutzà	vrbuzzà	sein Geld vergeuden
vàdefflà	vrdefflà	verhauen
vàdleenà	vrdlenà	ausleihen
vàdlòidà	vrdlòidà	zum Hals heraushängen, genug haben
vàdwiànà	vrlaufà	verlaufen, sich verirren
vàdwischà	vrdwischà	1. abhauen 2. erwischen
vàgälschdrà	vrgälschdrà	verjagen, verunsichern
Vàgälts Gott – Sägnes Gott	Vrgälts Gott – Sägnes Gott	danke – bitte
vàgandà	–	herunterwirtschaften
vàgläbbrà	vrgläbbrà	(Ei) rühren, klappern
vàglaubà	vrglaubà	sortieren
vàgliggrà	vrgliggrà	erklären
vàgunnà	gennà, vrgennà	gönnen bzw. missgönnen
vàheebà	vrheebà	zurückhalten
vàhucked	vrhoggàd	lange beisammengesessen, beim Brot: teigig
vàkommà	vrkommà	begegnen, schlecht werden
vàläbbrà	vrläbbrà	verschütten
vàliggrà	vrliggrà	begreifen, Gefallen an etwas finden
vànòòrà	eideesà	einschlafen, einduseln
vàsaubeidlà	vrsaubeidlà	vermasseln
vàschdooles	vrschdooles	heimlich
vàschdrublàd	vrschdrublàd	zerzaust
vàschläddrà	vrschlambà	verlieren, verschleudern, verschwenden
vàschobbà	vrschobbà	verstecken, ohne Plan wegräumen
vàsegglà	vrsegglà	schimpfen
Vàzahl	Vrzahl	lautes Gespräch
vàzellà	vrzehlà	erzählen
vàziànnt	vrzirnt	erzürnt, verärgert
vàzwazzlà	vrzwazzlà	fast verzweifeln
Vedder	Vedder	Cousin
vedrinnà	vrdrinnà	entgehen, entrinnen
vòrnàzuà	vòrnàzuà	nebenher
Wa muànschd?	Was moinschd?	Wie bitte?
wäächà	schaffà	schuften
Waar	Waar	Kinder
Wärdighääs	Werdagshäs	Alltagskleidung
waschächde Schwòbà	waschechde Schwòbà	ursprüngliche Schwaben
weeser	holzig	holzig, löchrig
wellàwääg	wellàwääg	trotzdem
wetzà	wetzà	schnell laufen
wieflà	wieflà	stopfen, grob nähen
wiif	wiif	schlau, geistig fit
wiislos	vrkalkt	verkalkt, dement
Windrbiilà	Windrbeilà	Frostbeulen

wischd	wischd	links herum
wòàdlà	wòdlà	flattern, wedeln
Wochàdibbl	Wochàdibbl	Mumps
wòlle	wòlle	schnell
wuàlà	wuàlà	schaffen, wühlen
Wuàle	Wuàle	Schaffer, arbeitsamer Mensch
wundrfitzig	wundrfitzig	neugierig
zahnà	zahnà	1. zahnen 2. sich aufregen, die Zähne blecken
Zànnà	Zànnà	beleidigtes Gesicht
Ziàch	Ziàch	Bettbezug
Ziànnà	Zainà	Holzkorb (mit 2 Griffen)
Zibebà	Zibebà	Weinbeeren
ziddig	zeidig	zeitig
Ziddig	Zeidung	Zeitung
Ziggerle	Guàtslà	Bonbons
Ziifr	Ziifr	Ungeziefer
Ziischdig	Dinschdag	Dienstag
Ziringà	Ziringà	Flieder
Zitt	Zeid	Zeit
zmòòl	zmòl	plötzlich
znaàt	znacht	nachts
Zniine	Väschbr	Zwischenmahlzeit am Morgen
zum Bossà	zum Bossà	zuleide, mit Fleiß
Zuusl	Zuusl	langweilige Frau
zwäàrres	–	verquert, dagegen
Zwätschgàbäs	–	Schimpfwort für unbeliebte Frau

Der Sprachwandel vom Seealemannischen zum Stadtschwäbischen, der sich in der Friedrichshafener Kernstadt nur historisch darstellen und zum Teil auch nur rekonstruieren lässt, ist in den Randgemeinden noch zu beobachten. Dr. Georg Wieland beschreibt die Verhältnisse in seinem Heimatort Ettenkirch:

Ettenkircher Alemannisch – vor der Verdrängung durch das Schwäbische[2]

Dr. Georg Wieland wurde 1950 in Batzenweiler geboren, im heutigen Stadtteil Friedrichshafen-Ettenkirch, in einer Familie, die das Bodensee-Alemannisch praktizierte. Studium der Geschichte und Germanistik in Tübingen bis zur Promotion. Anstellung an der Universität, dann Archivreferendar in Stuttgart und Marburg an der Lahn. Ab 1985 Stadtarchivar in Friedrichshafen, wo er im Beruf fast nur Hochdeutsch spricht, in der Familie in der Regel Schwäbisch in „geschwächter" Form; seine Frau spricht Schwäbisch mit gefärbtem Alemannisch, da ihre Ursprünge im Oberrhein-Alemannischen liegen. Seine fünf Kinder sprechen zu Hause Schwäbisch und in der Schule meist Hochdeutsch.

Während des Studiums war ich fünf Jahre lang „wissenschaftliche Hilfskraft" am landesgeschichtlichen Institut der Universität Tübingen. Bei einem Institutsfest um 1977 sollte ich in einem etwa zehnminütigen Beitrag über ein beliebiges Thema sprechen.

Ich wählte spontan eine Ansprache auf Alemannisch, weil ich nun schon seit vielen Jahren unter Schwaben lebte und den heimischen Bodensee-Dialekt nicht mehr anwendete. Ich hielt meine Rede flüssig und mit schnellem Tempo. Die Zuhörer waren verblüfft, und der damalige Assistent Dr. Quarthal (heute ist er Professor am Historischen Institut der Universität Stuttgart) meinte daraufhin, meine „Muttersprache" sei ja jahrelang unterdrückt worden.

Heute – im Jahr 2006 – könnte ich keine fließende Ansprache in meiner Muttersprache mehr vortragen. Die Ausbildung, die berufliche Tätigkeit in Friedrichshafen und die allgemeine Verdrängung des Bodensee-Alemannischen im württembergischen Oberland hat auch in meinem Sprachgebrauch viele Spuren hinterlassen.

Ihren Ursprung hat meine *„Muttàrspròòch"* in *Batzàwiiler* (Batzenweiler), meinem Heimatort. Meine Mutter war gebürtig aus *Appàwiiler* (Appenweiler), sie lebte seit 1948 in Batzenweiler im Hause meines Vaters. Dieser war dort schon geboren; er hatte, wie die meisten meiner Vorfahren, einen Bauernhof inne. Sein Vater, also mein Großvater väterlicherseits, stammte aus *Wiggàhuusà* (Wiggenhausen) und heiratete meine Großmutter, eine Wirtstochter aus *Oilingà* (Ailingen). Mein Großvater mütterlicherseits stammte aus *Bettàwiiler* (Bettenweiler), meine Großmutter aus *Waltàwiiler* (Waltenweiler). Bei unserem *Gette* (Pate) in Wiggenhausen waren wir Kinder immer willkommen; meine *Gottà* (Patin) lebte im nur etwa 450 Meter entfernten *Ellàwiiler* (Ellenweiler), das wir durch das Überqueren von ein paar Feldern und Wiesen erreichen konnten.

Meine Vorfahren sind also tief verwurzelte Ettenkircher und Ailinger (die oben genannten Orte gehören alle zu Ettenkirch bzw. Ailingen). Sie gaben uns Kindern den für diese Gegend typischen Dialekt, das Bodensee-Alemannisch, mit. Gerade meine Eltern verwendeten bis zu ihrem Tod (der Vater starb 1987, die Mutter 1999) weitgehend den alemannischen Dialekt, die Verdrängung durch das Schwäbische wirkte bei ihnen nur langsam.

Viele Bekannte und Verwandte leben in *Diiringà* (Teuringen), *Schnätzàhuusà, Jettàhuusà, Ittàhuusà, Kääla* (Kehlen), *Gerbertshuus, Lochbruck* (Lochbrücke), *Rite* (Reute), *Meckàbirà* (Meckenbeuren) und

[2] Dr. Wieland schreibt die alemannischen Begriffe z. T. anders als im vorausgehenden Wörterverzeichnis dargestellt. Dies liegt vor allem daran, dass der Ettenkircher Dialekt – wenn auch geringfügig, aber doch – vom anderen Häfler Seealemannisch abweicht. Die dialektalen Ausprägungen sind eben von Ort zu Ort und von Dialektsprecher zu Dialektsprecher verschieden.

Liàbnà (Liebenau). Ferner wohnten einige in *Siggàwiiler* (Siggenweiler, Wohnort des mütterlichen Urgroßvaters) in der Pfarrei *Iisàbach* (Obereisenbach), in *Apflà* (Apflau, Wohnort einer Tante) bei *Loimà* (Laimnau) und etwas weiter weg in *Gunzàwiiler* (Gunzenweiler, hier wohnte eine Großtante) in der Pfarrei *Haslà* (Haslach). Eine andere Großtante lebte jenseits des Bodensees in der *Schwiz*. Wie viele junge Frauen suchte sie dort eine Stelle als Dienstbotin, und einmal gefunden blieben sie dann oft lebenslang in der Schweiz.

Zahlreiche Ausdrücke des Bodensee-Alemannisch sind mir und vielen weiteren Ettenkirchern nach wie vor noch im Gedächtnis. Gerade die für das Alemannische charakteristischen zusammengezogenen Diphthonge haben einer Sprachveränderung völlig widerstanden. So zum Beispiel *-au-*: *Muus* (Maus, nicht *Muàs* = Mus) und *Buuch* (Bauch, nicht *Buàch* = Buch), oder bei *-äu-*: *lità* (läuten), *Hiisàr* (Häuser). Genauso ist es bei *-ei-*. Auch dazu gibt es alltägliche Beispiele: *diin* (dein), *miin* (mein), *Zit* (Zeit), *Zitig* (Zeitung), *gliich* (gleich), *riich* (reich); ferner bei dem Diphthong *-eu-*: *Lit* (Leute), *Kriz* (Kreuz), *Krizbuur* (sog. Kreuzbauer in Eggenweiler, benannt nach einem großen Wegkreuz, das dem Hof gegenüber steht), *Krizschriiner* (an der Taldorfer Straße am großen Wegkreuz bei der ehemaligen Schreinerei Bucher). Zum *Maa* (Mann) gehörte damals nicht die Frau, sondern das *Wiib* (Weib). *Wiib* war keinesfalls ein ehrenrühriges Wort, es entsprach den Adjektiven männlich und weiblich, war also ein täglich gebrauchtes Wort. *Frou* hingegen wurde eine sozial hoch stehende Frau bezeichnet; ihr entsprach der *Herr*.

Fast jeder Hof trug bis Mitte des 20. Jahrhunderts einen traditionellen Namen, und teilweise wird er auch heute noch von einigen Höfen getragen. Die Namen entstanden meist im 17. und 18. Jahrhundert, als noch ältere Namen abgelöst wurden. Hausnamen des jeweiligen Ortes wurden systematisch in den Festschriften von „800 Jahre Lottenweiler“ (1992) und „800 Jahre Ittenhausen“ (1998) gesammelt.

Im Hinterland von *Äàttàkirch* (Ettenkirch) gibt es noch einige gebräuchliche Hofnamen, zum Beispiel in *Habratswiiler* (Habratsweiler), einem kleinen Ort unterhalb der *Grott*, der 1887 nachgebauten Lourdesgrotte:

Das Haus des Jakob Bucher (um 1640 – 1721) wurde *Wangerle* genannt; er übte den Nebenberuf Wagner aus und war zudem Bauer in Habratsweiler. Nach Balthasar Bucher war der *Baldàs* oder *Baldàsbuur* (um 1615 – 1666) benannt. Außerdem gab es den *Donisbuur*, benannt nach Antoni Sutter/Sauter (um 1660 – 1727).

Es folgen noch ein paar wenige weitere Beispiele: Der *Michelsbuur* in Appenweiler, benannt nach Michael Müller (um 1645 – 1714). Außerdem der sogenannte *Maartàsbuur* in Krehenberg, dessen Hof nach Martin Fugel (1670 – 1728) benannt war, und nicht zu vergessen der *Baschàsbuur* oder einfach *Baschàs*, der nach Sebastian Baur (1679 – 1751) benannt war. Dieser war Bauer in Wirgetswiesen.

Diese Beispiele (weitere folgen noch) sollen zeigen, dass das Bodensee-Alemannisch mindestens bis um 1960 in der Gemeinde Ettenkirch noch sehr lebendig war. Erst seit dieser Zeit ist eine rasche Veränderung ins Schwäbische zu beobachten. Um 1975, nach nur 15 Jahren, war der Wechsel zur Schwäbischen Mundart so gut wie abgeschlossen. Wie kann eine so rasche Verdrängung möglich sein, wo doch viele Mundartsprecher mit dem Alemannischen aufgewachsen waren und es eine jahrhundertealte Tradition aufweisen konnte?

Es lag am gravierend veränderten sozialen Umfeld. Früher gab es unter den Alemannen oft nur wenige Außenkontakte mit Freunden oder Verwandten, die nicht denselben Dialekt sprachen. Man war eigentlich meistens im gleichen Umfeld. Mit der zunehmenden Motorisierung – teils durch Mopeds, teils durch Motorräder, teils durch Autos – wurde es vielen Landbewohnern möglich, in den Produktions- und Dienstleistungszweigen der Stadt zu arbeiten; gerade die Jugend schloss sich dieser Abwanderung an. Der Landwirtschaft erschlossen sich gleichzeitig Märkte in neuen Absatzgebieten. Den Jugendlichen war es außerdem dank der Motorisierung möglich, Tanz- und Festveranstaltungen in der weiteren Umgebung zu besuchen.

Die neuen und vielen Kontaktpersonen, vor allem aus der Stadt Friedrichshafen, aber auch aus Ravensburg und anderen Städten in der Region sprachen anders: in Schwäbisch-Varianten oder anderen Dialekten (wie zum Beispiel die Vertriebenen) und in Hochdeutsch. Die Städte hatten sich schon eher der Nivellierung geöffnet, wie das vorliegende Buch deutlich zeigt. So gewöhnten sich die Bewohner aus Ettenkirch und Umgebung bald ab, im alemannischen Dialekt zu sprechen und passten sich dem Schwäbisch der Kollegen an.

All diese verschiedenen Aspekte eröffneten dem Oberland nun viele Außenkontakte; das beschauliche Landleben im kleinen, familiären sozialen Umfeld war vorbei.

Neue Siedlungen rund um Ettenkirch wurden gebaut (zuerst in Eggenweiler 1963 – 1967, dann im Kirchbühl 1972), wodurch ein weiterer sehenswerter Auftrieb des Schwäbischen entstand. Die Einwohnerzahl stieg zwischen 1960 und 1970 von knapp 1000 auf über 1400; im Januar 2006 liegt sie bei etwa 1830 Einwohnern. Die Volksschulen wurden durch Grund- und Hauptschulen abgelöst. Seit 1972 gibt es in Ettenkirch eine Grundschule und in Ailingen eine Grund- und eine Hauptschule. Auch Wechsel auf Realschulen und Gymnasien wurden immer häufiger. Die Eingemeindung nach Friedrichshafen 1972 beschleunigte den Verfall des Alemannischen weiter, und schließlich sind auch die ersten Feriengäste zu erwähnen, die den hiesigen Dialekt natürlich nicht kannten.

Wieder zurück zum Dialekt von Ettenkirch, den ich mit einigen Erinnerungen näher zu bringen versuche: Der *Bolizei* („Dorfpolizei", Amtsbote) schellte Bekanntmachungen des Bürgermeisters bis 1969 nach der Messe auf dem Ortsplatz neben dem alten Schulhaus und der Lehrerwohnung aus.

Wenn es die Zeit erlaubte, gingen wir sehr gerne zum Baden, meist zum *Appàwiiler Weier*, bis dann Freibäder in Ailingen und Oberteuringen gebaut wurden.

Jeden *Sunndik* (Sonntag) und jeden *Fiidik* (Feiertag) gab es morgens zuerst die *Früàhmess*. In diese gingen vor allem die Frauen, damit sie zeitig zum Kochen wieder daheim waren. Später war das *Amt* (Hochamt mit Kirchenchor). Nachmittags gingen die Jugendlichen, die gerade mit der Schule fertig waren, in die *Krischtàlehr* (Christenlehr = Katechese), und für die sehr frommen Leute folgte danach noch eine Andacht.

„Werktage" waren damals noch *Määdik, Ziischdik, Mikdik, Dunschdik, Fridik* und auch der *Samschdik*; der Samstag war ein ganz normaler Arbeits- bzw. Schultag. Gerade in der Landwirtschaft, heute vor allem im Obstbau, ist das Arbeiten am Samstag unverzichtbar; in der Viehzucht muss selbst sonntags gearbeitet werden.

Nun folgen noch einige Wörter zum Haus; der nachfolgende Text bezieht sich auf mein Batzenweiler Heimathaus. Vor unserem *Huus* (Haus) führte die wenige Stufen hohe *Huussteffel* (Außentreppe) zur *Huusdür* (Haustüre). Im *Huusgang* (Flur) ging es seitlich zur *Stubà* (Wohnzimmer) und gerade aus zur *Kuche* (Küche). Wir hatten einen mit Brennholz und *Gnischt* (zerhacktes Reisig) betriebenen Herd und am Fenster einen *Firker* (Spültisch); der Küchenschrank hieß *Büffe* (die Erklärung zu diesem Möbelstück folgt bei der Beschreibung des Wohnzimmers). Neben der Küche war die *Speis* (Abstellraum, insbesondere für Lebensmittel).

In der Stube hatten wir einen Kachelofen, der durch einen Schacht von der Küche aus beheizt wurde und bei dem die Wärme durch das *Ofàdürle* reguliert wurde. Die Ofenbank mit einem kleinen Nebentisch war natürlich vor allem im Winter sehr beliebt. Zum großen runden Tisch in der Stube gehörte eine Eckbank, auch das *Kannàbee* (Sofa) gehörte zum Mobiliar. Der große Schrank mit Anrichte zusammen mit den Glastüren im Oberteil wurde Stubenschrank oder *Büffe* genannt. Die Stube war mit einem *Däffer* (Täfer an der Wand) versehen; wie in den meisten Bauernhäusern gab es kleine Wandschränke in der Außenwand zwischen den Fenstern. Neben der Stube lag die *Stubàkammàr* (Nebenzimmer), bei der die Wärme ebenfalls durch ein Ofentürle regulierbar war.

Seit einem Umbau 1965 sind viele typische Merkmale dieses Bauernhauses verschwunden.

Über die *Stägà* (Treppe) kommt man *nuuf* (hinauf) in den ersten Stock zu den *Kammrà* (Schlafzimmer), die bis zum Umbau 1965 ungeheizt waren. Erwähnenswert sind die *Bettladà* (Bettgestelle) und die *Käschtà* (Schränke). Eine weitere Treppe geht bis hinauf in die *Schitte* (Dachboden; das Schütten des Getreides, von dem dieser Ausdruck kommt, wird weiter unten im Nebenhaus beschrieben). Im Dachboden war auch die *Ruuchkammàr* (Rauchschrank); sie war ein Kaminanbau und diente dem Aufhängen und der Haltbarmachung von Rauchfleisch.

Das Zimmer der *Magd* (Dienstbotin) lag in der Regel im Wohnhaus. Wir hatten bis etwa 1967 eine im Haus und auf dem Hof beschäftigte Magd. Im Nebenhaus lag das unbeheizte Zimmer des *Knäääts* (Knechts). Der letzte Knecht quittierte uns etwa 1961 den Dienst. Nebenan benutzte man die eigentliche *Schitte* bis in die 1970er Jahre zum Trocknen vom Getreide, bis dieses jeden Herbst nach und nach zum Mahlen in der *Mille* (Mühle) abgeholt wurde. Außerdem hatte das Nebenhaus einen *Käär* (Keller) in dem Mostfässer, Kartoffeln und Gemüse gelagert wurden.

In dem am Wohnhaus angebauten Stadel war unser Stall und die Scheune. In der *Dennà* (Tenne) war eine mächtige Dreschmaschine (mit Schwungrad angetrieben) aufgestellt, die die Aufgabe des heutigen Mähdreschers innehatte. Im *Wagàschopf* stand die von Pferden gezogene schönere *Scheesà* (Kutsche, sog. „Landauer" – Kutsche ohne Dach) zu Ausfahrten und die einfachere *Scheesà* zum Einkaufen und für Lieferungen des Alltags. Beide wurden bis 1955 noch verwendet; dann wurde der Traktor für Ausfahrten bis mindestens 20 km Entfernung genutzt. Diese Aufgabe des Traktors wurde erst 1962 mit Kauf eines Autos hinfällig.

Als Lehnwort aus dem Französischen ist das *Trottwa* (befestigter Boden unter dem Vordach einer Scheuer, umgewandelt aus frz. trottoir = Bürgersteig!) zu erwähnen, außerdem sind die schon oben genannten Wörter *Scheesà* (frz. chaise = Stuhl!), *Büffe* (frz. buffet = Anrichte) und das *Kannàbee* (frz. canapé = Sofa) aufzulisten. Diese Wörter stammen teilweise aus dem 19. Jahrhundert und wurden vor allem im ländlichen Bereich benutzt.

Die Landwirtschaft der Region, in der ich aufgewachsen bin, wurde in den 50 Jahren, die ich davon erlebte, immer schnelleren Wandlungen unterworfen. Arbeiten, die bis in die 1970er Jahre als Handarbeiten ausgeführt werden mussten, werden nun weitgehend maschinell erledigt. Selbst im Obstbau, der sich im 20. Jahrhundert zum ertragreichsten Bereich entwickelt hat, zogen viele technische Hilfen ein. So wird zum Beispiel das Zurückschneiden der Zweige im Winter und auch die Ernte mit der Hand nun durch Maschinen erleichtert. Es genügt also, als Mundart-Begriffe insbesondere Sorten, Geräte und Ausdrücke aus der früheren nicht maschinellen Arbeit aufzuzählen.

Beispiele aus dem Obstbau: *Bom* (Baum), *Bem* (Bäume), *Epfàl* (Apfel), *Kriiàse* (Kirsche), *Birà* (Birnen), *Pfluumà* (Pflaume) und *brockà* (pflücken).

Aus dem Ackerbau: *Wòòizà* (Weizen), *Habàr* (Hafer), *Bodàbir* (Kartoffel), *Runklà* (Rüben).

Beispiele aus dem Grünland: *Wiis* (Wiese), *Huuswiis* (beim Haus gelegene Wiese), *Säàgàs* (Sense), *Haiwender* (Heuwender, damit das Heu schneller trocknet), *Hòòàzà* (Heinzen, Gestell für Heutrocknen auf der Wiese) und *haibà* (heuen).

Und als letztes aus der Tierzucht: *Roß* (Ackergaul) und *Suu* (Schwein), *Kiàh* (Kühe) und *Mill* (Milch), aber auch *Kuàhpfletter* (Kuhfladen), *Lachàloch* (Güllengrube) und *Lachàfass* (Güllenfass zum Verteilen des Düngers auf den Wiesen).

Zum Schluss folgt eine weitere Episode, dieses Mal aus meiner Schulzeit. In der Volksschule (1.–8. Jahrgangsstufe) wurde oft Dialekt gesprochen. Wir Schüler redeten vom *sagà* (sprechen), *läàsà, rechnà, zòichnà und mòòlà*, und als „erste Fremdsprache“ wurde Hochdeutsch gelernt.

Vor der Bildungsreform um 1965 waren Schulen in der Stadt von ländlichen Gegenden aus kaum erreichbar, Schulbusse waren ein noch unbekannter Luxus. Deshalb waren Schüler, die *furt gangàt* auf das Gymnasium, fast „Exoten“. Sie besuchten meist kirchliche Internate in Haigerloch, Wurzach oder Leutkirch im Allgäu, ferner in Ehingen an der Donau, wo viele Schüler aus dem Schwäbischen, aber auch aus dem Bodenseeraum lebten.

Auf dem Gymnasium musste von der 5. Klasse ab Hochdeutsch gesprochen werden, anfangs mit farbiger Tönung, wie ich in den ersten Tagen erlebte. Mein damaliger Lateinlehrer forderte mich auf, meine ersten Wörter auf Latein zu lesen: „Paula cantat.“ Das heißt: „Paula singt.“ Er erwartete „Paula cantat“, so wie es der geübte Hochdeutschsprecher sagen würde. Aus irgendeinem Grund war er mit mir nicht zufrieden. Hatte ich etwa ein falsches Wort anstatt „cantat“ gelesen? Ich war irritiert, weil ich eigentlich meinte, „Paula cantat“ richtig gesagt zu haben. Ich wiederholte also: „Paula cantat.“ Aber er war noch immer unzufrieden. Da ich beim besten Willen keinen Fehler entdecken konnte und nun beleidigt und eingeschüchtert war, gab der Lehrer auf. Es dauerte – vermutlich ein paar Tage – bis ich durch meine Mitschüler endlich aufgeklärt wurde und den Fehler entdeckte, wegen welchem mein Lateinlehrer so unzufrieden gewesen war. Er wollte bei „Paula“ das normale hochdeutsche offene *-au-* hören, und nicht das in meiner Mundart geschlossene *-ou-*, wie man es zu Hause in Ettenkirch sagte und ich es als richtig empfand. So musste ich mir jetzt angewöhnen, anstatt *„Poula“* „Paula“ zu sagen.

Als weiteres Beispiel füge ich noch „Eiche“ hinzu, das von Alemannen nicht mit einen offenen *-ai-*, sondern mit einem geschlossenen *-ei-* gesprochen wird, das vergleichbar ist mit der Aussprache des „ärgerlichen“ deutschen Wortes *„Heidànei!“*

Während Dr. Wieland die sprachlichen Veränderungen in seinem Heimatort Ettenkirch seit 1950 beschreibt, erinnert sich Dr. Bruno Diesch, ein alteingesessener Häfler aus „lokalem seealemannischen Geblüt“, an seine Kindheit und Jugend, an die Zeit zwischen 1923 und 1942:

DVD IV, 4

Dr. Bruno Diesch und seine Frau Antonie Diesch, seit 1947 glücklich verheiratet.

Meine Oma (Bäuerin aus Wiggenhausen) legte Wert darauf, dass ihre heranwachsenden Enkel, soweit es die Umstände erlaubten, immer gepflegt und ordentlich auftraten: „Dò hòsch an Fufzgr, gòsch zum Becker (Friseur Becker in der Wilhelmstraße) und lòsch dr widder amòl diin Belz abhauà.“ Vom Friseur zurück, meinte die Oma: „So, ez siehsch au wieder de Liddà gli“ (den Leuten gleich).

Meine Schwester und ich übten abwechselnd Klavier, worauf die Oma monierte: „Ez herend no au widder uuf, d Wirm gònd sus vu uàm“ (die Würmer gehen sonst von einem, d. h. das schlechte Klavierspiel vertreibt sogar die Würmer).

Ums Jahr 1922 erschien bei Uhrmachermeister Dürnay in der Karlstraße ein Kunde aus dem Hinterland und stellte ein kaputtes Grammophon auf den Ladentisch: „Àn Schnäddàr hòts dong und hi isch er gsi. I woàß idd, lits a dr Feàdr odr am Schdift.“

In meiner Kindheit waren folgende Sprüche, Kindersprüche und Gedichte bekannt:

Dr Karle ziaht dà Schlittà raus, will hälingà mit gong.
Dò schreit sei Muadr: „Halt du Fetz, musch s Luisle au mit long!“
„Auf so ma kloinà Schlittà isch idd Blatz für dià und mi.
Nò kriàgt n dià halt nauf dà Berg und runter nemm en ii!“

Hot dr ääbbà ääbàr ääbbes dong?

Hosch sell dong, muàsch sell hong.

Heil no, nò muàsch weniger bieslà!

Luàgàt, Kinderlà und guggàt,
wià dià Laugerlà juggàt!

Hindr Hausa Huus hon i hinat hundert Hasa huaschdà herà.

Ringele ringele Reihà,
d Mädlà gond id Maià,
d Buabà gond id Haslnuss,
riefend alle: „Husch husch husch."

Hoppe, hoppe Reiter,
wenn er fallt, nò schreit er,
fallt er in dà Grabà,
no fressàd n dià Rabà.
Fallt er in dà Sumpf,
nò machts an Pflumpf.

Schuamächerle, Schuamächerle, flick mr meine Schuà, dur à Lederle au dazuà, dur mrs au sche wichsà. Zià d Dräht aus, zià d Dräht aus. Wenn abr dr Schuahbank bricht, isch glich? Brocha isch r.

Às reagàlet, às schneielet,
às goht an kialà Wind,
und wenn dr Buur in Grabà fallt,
no isches au kua Sind!

Narro, Narro Gigàbogà, was du seischt, isch alz verlogà. Narro hin, Narro her, Narro isch an Zottelbär. Narro mechte it hoaßà, wia dià alte Goaßà. Narro hot kua Geld im Sack, nu à Päckle Schnupftabak.

I zehl uss und du bischt duss.

Kommt an Bär vu Konschdanz her.
Wo will er übernachtà?
Do, do do!

Kommt an Bär vu Konschdanz her,
an braunà und an wießà,
dià dennd mei Schätzle bießà!

Weisheiten zum Altwerden:

Lieber Gott, i woiß, s wird Zitt,
Hol mi, wenn Du witt,
bloß no id hitt.

Idd so hudlà, wenn's ans Sterbà goht!

Auf der Beerdigung: „Schäh isch gsi, viel Leit hond bellet (geweint)!"

Dr. Bruno Diesch, geb. 1923, aufgewachsen in einer Großfamilie mit Oma und Tante, welche beide noch reines Seealemannisch sprachen.

1942 Abitur an der Graf-Zeppelin-Oberschule.

1942 – 1945 Kriegsdienst als Seeoffizier (Seefahrtspatent der Navigationsschule Esbjerg).

1945 – 1949 Studium der Zahnheilkunde an der Universität Tübingen.

1947 – 1949 Hilfe beim Wiederaufbau der ausgebombten Praxis des Vaters.

1949 Praxiseröffnung in Friedrichshafen.

1951 – 1961 Vorsitzender des Zahnärztlichen Kreisvereins und Tätigkeit in der Berufspolitik auf Landesebene.

1953 – 2003 ehrenamtliche Tätigkeit für den Segelsport auf Orts- und Landesebene sowie von 1967 – 1982 auf Bundesebene.

Segeltörns auf allen Weltmeeren.

Seit 2003 Ehrenmitglied des Württ. Yacht-Clubs.

1979 – 1991 ehrenamtlicher Richter am Landessozialgericht in Stuttgart.

Dr. Bruno Diesch spricht – wie seine Frau – in der Familie Stadtschwäbisch, beherrscht aber auch noch das Seealemannisch seiner Eltern. Seine Kinder verwenden im Privaten ebenfalls noch Schwäbisch, seine Enkelkinder sprechen nach der Schrift.

Auch Kerstin Dürnay schreibt im seealemannischen Dialekt ihrer Großmutter über die Zeiten, in denen man in den Friedrichshafener Ortsteilen noch ungeniert Seealemannisch gesprochen hat:

Kerstin Dürnay (geb. Amann) wurde 1969 in Friedrichshafen geboren und ist im Hafà aufgewachsen. Zu Hause (ihre Eltern stammen beide aus Friedrichshafen) wurde schwäbisch gesprochen. Ihre Großeltern (Herkunftsorte Oberteuringen und Wiggenhausen) sprachen noch Alemannisch. Im Karl-Maybach-Gymnasium trug sie so manches „verbale Kempfle“ mit „reigschmeggde Lehrer“ aus. Nach dem Abitur machte sie eine Ausbildung zur Industriekauffrau und arbeitete bis zur Geburt ihres ersten Kindes bei der MTU Friedrichshafen. Heute lebt sie mit ihrem Mann und ihren drei Kindern im Heimatort ihres Großvaters, in Oberteuringen. Ihre Familie spricht Schwäbisch.

Dòmòls

D Schwòbà sind lang wääga de Schbròòch für dumm ghaldà wòrrà. Drotzdem hend se dà Humor idd vàloorà. Mà hòt immer gsait: „Mir schwätzed drei Schbròòchà! Schwäbisch, Deitsch und iiber andre Leit.“ Aber so àn Usschbruch saisch gschiider bloß dàhoim. Auswärts soddeschd so was sing long. Dò kunsch als Bachele ruus!

Jetzd aber zuà de Schwòbà von friàr. Dià Schwòbà, wo scho immer dògwääsa sind, also idd dià Reigschmeggde, wared oifache Leit. Mòischdns hònd se auf gloinere Heeflà gläàbt, dià grad so glanged hònd zum Iiberlääbà. Aber genau des hòt dià Schwòbà zu denne Kleverlà und Diftler von heit gmachd. Dià hònd scho immer aus nix näämmes gmachd. Dò hònd alle Generationà zammà ghaused und zammà gschaffed.

D Maanà hònd d Felder umdriebà. Dià hònd nò gschaffed wià àn Brunnàbutzer. Scho àm friià Morgà hònd se bei Guàdwäàdder kennà tribelliàrà: „Kennà màr àfangà aafangà?“ Nò sind se schier vàzwatzled. Und wenn se dà ganz Morgà mit dà Mischdschärra auf em Feld wared, sind se aml ganz läach gsi und hònd bald näàmmes zum Drinkà bruucht! Dà ganz Sommer hònd se gwuàhlàd, Daag und Naàt. Dò hòt mà sich denn fai scho auf d Sichlhenke gfrait!

S Huusgäärdle hònd ehnder d Wiiber gmachd. D Nahnà isch jeden Morgà, user àm Fiidig, d Käarschdäagà äbegschiagàt, hòt d Furkà und d Hauà ghollàd und denn dà ganz Daag im Gaadà rungraddlàd. Dò hòt mà Bodàbirrà agheiflàt, Spereglà gossà, Griàse in Gräddà neibroggàd, Salòt bigiert, à Gugummer ghollàd und nòch de Runglà gluàgàt oder se hòt à Hampfl Beer rabdong, diàs mit emà Zuggàr aagmachd zum Nòchdisch gäà hòt. Denn hòt mà no d Schwòbàbohnà ghäggàlàd und à weng mit dà Nòchbre ghoschdubed. Und wenn se ihre Bòhnà idd nòch em Mond gschdubft hòt, hòt se à scheene Kirbe ghett, bis dià in de richtig Richdung am Schdääggà naufgrääbsled sind. Nò hòt se denn sagà kennà: „Donder Doria, scho wieder so à Gfrett. Hett i doch ringer auf d Muàdàr glosàd. Aber dà Wenn und dà Hett hònd no nià näàmmes ghett.“

Beim Heibà und beim Epflbroggà hònd d Wiiber au aml gholfá. Dòmòls hòt mà no dà ganz Dag dussà gschaffet. Mà hòt sich halt ordndlich aalegà miàssà. Koine Schdegglesschuàh und bauchfreie Leiblà, wiàs d Mädlà heit ahònd. Dòmòls hòt mà halt no à Mandlschoß und warme Bòòtschà agleit. Und wenns kald gsii isch, hòt dà Vadder àn Schlips nadong.

Fir d Kinder war uf àmà Hof immer äabbes boddà. Und wenn ànne nix Bessers eigfallà isch, nò sind se halt auf em Blechdeggl vo dà Käàrfallà rumgjuggd und hònd à weng dàzuà grageegàd, nò hòts Rabatz grad gnuà gmachd. Des isch denn aml zuàgangà wià im Himml vor dussà! Moischdens hend Kogà à Rotznas ghett wià àn Firmgedde.

Am Morgà hòt dà Buur und s Gesinde s Brennt Muas gäàssà. Zniine hòts denn bròdene Bodabirrà gäà. Denn wars scho bald wieder Zitt für s Wiib, dà Schbatzàdoig zum Schlagà. Der war ersch guàd, wenn s Blòòdra gää hòt. Z Middag hònd sich denn alle auf d Saure Bòhnà mit Schbatzà gfrait. Dià Bòhnà hòt mà iibrigens im Herbschd, wenn se richdig ausdärred waràd, brätschàt. Wenn mà se hòt kochà wellà, hòt mà se àm Obnd vorher eigwoichd und scho ziddig am Vormiddag vor sich nasuddrà long. Wenn se durre sind, machd mà à Brenne, leschd mit Wasser ab, duàt d Bòhnà samt àm Wasser wieder inne und bruucht finf Gwirzlá: à Zwiebele, à Salz, àn Essig, à baar Bläddla Lorbeer und à baar Nägelà. Und dià Soß wird bei jedem Mòl Aufgwärmà noo bessàr. Dò hòt koiner voreilig dà Däller auf d Siddà gschobà!

D Nanà hòt allàwiill scho dà beschd Bodàbirràsalòd gmacht. Em beschdà schmeckt der, wenn sen boidärmig in dà großà Zirnà amachd. Dò muàss à richdigs Briàle na. Ma sait au, de Bodàbirràsalòd muàss schwätzà. Denn hòt des en Schlanz! Dià Bodàbirrà muànd nadiirlich au lang hebà, damits au no im Friijòhr drauf en räadà Salòd gitt. Drum sott mà aml wiedr in Käär äbe gong und d Bodàbirrà abkiidà! Aber dà Bodàbirràsalòd schmeggd dò und dett, häännà und däännà doch wellàwääg andersch.

Dòmòls hòt mà au no alles selber gmachd. Beerà hòt mà gsälzed, viel Obschd und Gmiàs iidindschded oder gsafded. Und nadierlich Suurgrutt gmachd: Zerschd hòt màs Grutt in dà Midde dureghauà, denn dà Gruttgrotzà usedong. Denn hòt màs ghobled und mit Salz in à Schdandà gschichdet, abdeggd und à baar Wochà schdong long. Denn hòt mà dà ganz Winder Grutt ghett.

Àm Samschdig hòt mà allàwiil dà Hof und d Schdääga gfirbet. Òbnds hòt mà s oi nòch em andàr badet und seine Hòòr no assà nassà gschdräälet. Àm Samschdig hòt mà au immer dà Sonndigskuàchà bachà. Lang hòts bloß fiàr àn Briimäalkuàchà glangàd. Nòchdem dià Zitt aber wieder besser gsi ischd, hòt mà wieder à Zopfbrod uus eme Wiismäal gmachd. Dòdàzuà hòt mà zerschd à Vordòigle aagheflàd. In dà Doig hòt mà no à Hempfl Zibebà innedong. Des hòt au à weng siàß gmachd. Uus dääm Hääfàdoig kaasch au Dampfnudlà machà. Dò muàss mà dà Deggl aml bis zledschd zuàlong. S Beschd dòdra isch aml s Bächele. Des isch genauso gfrògt wià s Rengele von àmà Riebl Brot. Am Glòsàdag hòt mà us dääm Hääfàdòig Schwitzer bachà. Vor àm Glòs hònd d Kind gheerig s Muffasausà ghett. Frier hònd d Glòsa d Kogà au umananderdefflàd wià d Nußsäck. Des wared no gruußige Gsellà. Und drotzdem hòt màs driezt und umananderbreelàd: „Glòs, Glòs, Diggafiedlà, lòss uns Nuss und Epfl liegà!“

Dà Großvaddàr hòt òbends immer no dà Fuadergang gfirbàd und des ganz genau. Dò hòsch denn nià näammà näämmes gsää, dass ääbbà no ääbbes umànandrgflagged wär! Moischdns hòts zum Knäat no ghoisà: „Mach fiàrse. Dueschd amòl en Kiebl voll bräächà.“ Allàwiil dià gliich Arbet. Dò kenndeschd Hòòreel soischà!

Am Òbend hòt mà denn Sachà gmachd, wo mà sonschd dagsiiber koi Zitt kett hett. Denn hòt d Muàder zur Dechdàr sagà kennà: „Gang àmòl in d Schdubàkammàr und hol in Nanàs Kaschdà dà Iiberzieher vom Nähne. Kaschn fliggà. Bringsch s Fadàziàrnle glei mit, des bruuchsch nämlich au no!“ Em Òbed sind hald scho immer alle in dà Schdubà gsing. Oiner hot immer wieder sollà gong und à Griàgle Moschd hollà. Mà hòt allàmòl gsait: „Dr Moscht bigoscht ischd Buràkoschd und wenn der Moschd idd bläht, dass Fiedla kräht, no isch s bigoscht kuan guatà Moschd und ischs bigoscht kua Buràkoschd.“ Dà Moschd war denn scho maanchmòl àn Siàch! Dò hòt denn scho mòl efders dà oi oder ander hoch ghett. Aber mà hòt au sagà kennà: „En Ruusch hòt mà ersch, wenn mà àm Griesà falld!“ Und wenn’s glidded hòt, hòt màs sagà herà: „Kommed rii, s gitt Gsälzbrod und Wii.“ Mà hòt abr au sagà kennà: „Schnell àn Liddàr Wasser in d Supp, s kommt Bsuàch!“ Dà Bsuàch war allzitt wert, es sei denn s isch der vor em Door gschdandà, wo hòt allàmòl dà Bäbber an Kaschdà naghengt. Nò wars Hai amml hundà! Den hòt mà ugern ring long oder no liàbàr glii wieder use gong säà!

Auf d Naàt, kurz bevor alle in d Fallà inne sind, hòt dà ledschd no dà Schlissl gschdeggd. No schnell à Vaddàr Unser vor àm Herrgottswinkl und nò ischs riàbig im Huus dinnà gsii.

Nach den Seealemannen, den alteingesessenen Bodenseeschwaben, sollen nun auch die Häfler Stadtschwaben zu Wort kommen. Willy Sohn verfasst in seinem Stadtschwäbisch bedenkenswerte Gedichte:

Onser Kranket

Die Gedichte stammen aus: Willy Sohn: Drhoim ond drom rom. S. 63, 82, 64, 81, 89.

Woißt au an was mir kranket?
Daß mir so wenig danket!
Ond hättet doch all Tag ond Stond
zum Danke wirklich älle Grond.

Mr nörglet, bruttlet, kritisiert,
ischt neidig, lieblos, tuet scheniert,
vergleicht mit andre, wärglet, mißt,
so, daß mr s Danke ganz vergißt,
ond daß mr äll Tag gsond ond frisch
em Friede sitzt am deckte Tisch!

O Leutle! Ihr betrüget euch!
Guck, bloß dr Dank macht s Lebe reich.
Wenn oiner dankt für trockes Brot,
der kommt viel weniger en Not,
als wer en volle Häfe guckt
ond älles bloß em O’dank schluckt!
Wieviel mr hot, des hot nex z’sage;
– wie schnell ist älles z’sammegschlage –
Wie viel mr dankt, do sitzt dr Gwenn!
Worom? Do leit dr Sege dren!
Ond wer s net macht, ob Frau ob Ma’,
ist trotz viel Zeug doch übel dra’!

Drom weg mit allem Ach ond Weh,
ond danket, lobet, danket meh!
Wer lobt ond dankt aus Herzensgrond,
der badet Geist ond Seel dren gsond!

Mei Gschmack

A Maidle, nett, manierlich,
vor ällem echt, natürlich,
wo fröhlich sengt, net Trüebsal fischt,
wo herzhaft lacht ond net glei' zischt,
wo andre au was gelte laßt,
beim Schaffe selber mit a'faßt,
wo lustig, froh en d Welt nei' guckt
ond spürt, wenn oin dr Stiefel druckt!

Doch, wenn sich oine gar so gaicht,
sich dreht, wie wenn mr Pfaue scheucht
ond tuet, wie net ganz bache:
O Bue, paß auf!
Verlaß di drauf,
des gibt a mol en Drache!
Ond bild dir bloß des Ding net ei',
du könntst dei Lebtag „Siegfried" sei'!

O Buebe! Lasset euch doch warne
ond lasset euch net glei' omgarne!
Sieh, bloß alloi a netts Figürle
ond flotter Aufzug, Armbandührle
ond älles sonscht bloß Firlefanz:
Nach 15 Johr hoscht du de Glanz!
O Bue, paß auf ond sieh di om,
die dreht di en dr Pfanne rom!
Guck lieber noch ra Nachtigall,
wo fröhlich sengt ond pfeift,
als so a Krabb, wo überall
bloß gilft ond krächzt ond keift.
Was Oifachs, Schlichts, nex Kompliziertes,
Natur, Natur, ond nex Polierts:

A Maidle, guck, mit Seel ond Gmüet,
au wenns net auf em Geldsack blüeht!
Koi's, bloß so gschwend an Ärmel na':
Ois, wo mr dauernd liebe ka',
ois, wo em Ernst, wie au em Scherz
beweist, daß en seim güldne Herz
für Seel ond Gmüet ond Lieb ischt Platz!
Kurz, guck, a Maidle wie mei' Schatz!

Dr Ausweg

Wenn älles kopflos rapplet, spennt,
dr ganz Verstand koin Ausweg fendt,
ond ratlos laufet d Köpf sich hoiß,
oft d Liebe no en Ausweg woiß!

Walter Sohn über seinen Vater Willy Sohn:

Mei Vater Willy Sohn hòt nòch seiner Ausbildung en der Esslinger Maschinebauschul à Anstellung als Ingenieur bei Dornier kriegt. Des war 1927. Zwoi Jòhr später hòt er en Ulm-Söflinge ònser Mutter gheiròtet. Die hent sich dort als Kenderkirchhelfer, en der Jugendgruppe, beim Senge ond Musiziere en der Kirchengemeinde kennenglernt. Wie n i nò dògwese be (1932), mei Schwester Elisabeth (1935) ònd mei Bruder Eberhard (1937), also lauter echte Häfler, hemmir natürlich à Weile braucht, bis mr gwißt hend, was Schwäbisch isch, aber gschwätzt hemmer schò so, wie mir s dahoim halt glernt hend.
I erinner mi nò, wie ònser Vater mit em Lehrer Ottl Schmid von dr Evangelische Schul en Fischbach befreundet war ònd wie die zwoi sich schwäbische Heimatliteratur zugspielt hend. Der wichtigst Autor isch dr August Lämmle gwese. Net òmsonst: denn der isch mit eme echt älblerische kernige Schwäbisch daherkomme ònd isch als Lehrer doch en Waldsee ond Oberteuringe halt au em Oberland dahoim gwese, ònd zwòr mit ere ganz offene ònd angstfreie Haltung gegenüber de alteigsessne Leut em Oberland. Es sei nò angmerkt, dass ònser Vater zu de Fescht en der Familie (zu alle Geburtstag), aber au en dr Kirchegemeinde oder en dr Stadt eigentlich emmer à Gedichtle parat ghet hòt, meischtens war s Schwäbisch.

S Märle ond d Wirklichkeit

En Manzell ond anderswo
isch em Lebe öfters so:
Wenn mr meint,
dr Esel streck sich
ond mr häb jetz
s „Tischlein-deck-dich“,
fahrt dr Knüppel aus em Sack
ond verhaut oim zmol de Frack!

D Muettersproch

Meiner Muetter liebe Sproch
goht mir äll mei' Lebtag noch:
Jedes Wort a Blüetezweigle,
jeder To' wie vom a Geigle.
Muettersproch, ob härt, ob güetlich
aber emmer warm, gemüetlich!
Muettersproch, du Wiegeliedle
– manchmol au wie fitzigs Rüetle –
trotz dr Härte aber lend,
grad so wie dr Muetter Händ,
– wenn se, ganz noch Muetters Art,
übers hitzig Köpfle fahrt. –

Äll mei' Freude, all mei' Klage
ka' i nirgeds besser sage
als en meiner Muetter Sproch –
ond wer Herz hot, fühlt mir's noch!

D Jugend, d Hoimet, s Eltrehaus,
älles guckt so lieb draus raus,
au dr Vatter, samt dr Muetter,
d Lehrer, d Freund ond Schwester, Brueder;
Weib ond Kend ond d Nochber älle;
domme Streich ond au de helle;
s lobt net z arg ond tadlet mild,
s ischt grad wie dr Muetter Bild!
Ond wenn i oin „schwäbisch“ hör,
woiß i, daß i zu ehm ghör!

Dr. Fritz-Peter Rau, ein Häfler Stadtschwabe in der dritten Generation, beleuchtet mit kleinen Anekdoten aus seiner Familie gewisse Mentalitätsunterschiede der Häfler:

DVD IV, 5

Dr. Fritz-Peter Rau

Mei Großvaddr war fascht immer zu mà Schbäßle aufglegt. S hòt au derb sai kennè. Hi und da hòt r dees Gschichdlè vrzehlt:

„Wo i sellmòl in dr Wies an dr Oilinger Schdròß Epfelbaim gfällt und d Schdegg rausgmacht hòn – s isch a rechte Schufterei gwäa – isch oiner auf m Droddwar standà bliebà. Der hot mr a Weile zuàguggt – helfè hòt r mr id wellà –, nò sait r: ‚Juter Mann, wat tun Sie denn da!‘

Und hòt mr lang und broit vrzehlt, dass mr bei ene drhoim – s war halt so àn Breiß – sotte Schdegg oifach en d Luft sprengà däd.

I hòn àn schwätzà lò und hòn näàbàhär ganz gmiàdlich à Soil um àn gfälltà Schdamm rumwiggled, schee oin Ring näàbr dr andàr. Des isch m Sellà nòch àmà Weile aufgfallà.

Er frògt: ‚Na, wat machen Sie denn jetzt Merkwürdiges?‘ ‚I bind bloß des Soil um den Stamm rum, dass às den von eirem dumma Gschwätz id verreißt.‘

Nò hòt der Breiß gnueg ghet.“

Mei Großvaddr hòt aber au sonschd d Leid à wengàle fobbà megà.

In dr Scheffelschdròß, wo er näabà de Frailain Pfischdr (Geschwister Pfister, kleines Lebensmittelgeschäft) gwohnt hòt, hòt r in Bluemàkäschdà Tomatà zogà. Des hond andre Leid dò dannà au so gmacht.

Wenn denn beim Nòchbr die erschde griene Tomätlà àgsetzt hond, hòt mei Großvaddr rot àgmòlte Holztomätlà – r war nemlich n ganz gschiggde Bäschdler – an seine Schdreich nàghengt. Nadierlich hend d Nòchbrsleit gfrògt, wia des meglich sei, dass r scho so schene reife Tomätlà häb. Nò hòt r gsait: „Des isch hald a bsondre Raß!“

Mir, mei Frau und i, sitzet in dr aldà Feschdhall bei dr Kandidadàvorschdellung vor dr OB-Wahl, wo nòcher der Martin Herzog s Rennà gmacht hòt, au an so à mà langà Disch und grieget in dr Paus von unsre Wisawie an netts Gschichdle mit. Weils um mein Vaddr gòt, mueß i oifach naherà.

Die zwoi Herrà – mr hòt glei deidlich ghehrt, dass se vom Underland sind und wahrscheints evangelisch – underhaldet sich ungfähr so:

„Woisch nò, wo mr sellmòl in dr Siedlung baut hend (Dornier-Siedlung in Manzell, 30er Jahre), und wia mr drauf guggt hend, dass meglichscht unsere Glaubensbrieder als Handwerker gnommà werret? Bloß beim Mòler hòts id glabbt. Mr hòt jò n guetà Mòler hòn wellà. Sell war dr Rau scho, aber von dem hòt mr auch gwieß gwißt, dass r kadolisch isch. Dò drzuà hòn i denn doch à Werdle zu nem saga miessà. Und wa said der dò drauf zu mir: ‚Ha freile bin i kadolisch – abr fir Sia nemm e nadierlich à evangelische Farb.‘ Dò hònn es gwißt!“

I han dann zu denne zwoi Herrà gsait: „Dr Mòler Rau isch fai mei Vaddr.“ Nò hònd die zwoi ganz groß guggt, vileicht sogar à bißle verlägà. Mr hend aber denn doch alle herzhaft glacht und mit àmà Gläsle Drollinger auf d evangelisch Farb àgstoßè.

Abropo Farb und kadolisch:

Um 1960 rum bin i mit drei Freind òbends in dr Tibinger Aldschdat, mr sagt „Gògei“, zum Aikehrà gangà. Mr hond unsre oràschene Schdudendàmitzà aufghet. Bei dr „Genere“ (Weinstube Göhner) wellà mr grad an n Disch nasitzà, dò kommt n altà Tibinger, mr sait besser id „Gòg“, zu uns her und sait: „Grießgott. Dià Herrà kennet au zu uns an Schdammdisch hoggà. Des macht gar nix aus, dass se kadolisch send“.

Mr mueß wissà, dass sich dia alde Tibinger mit de Schdudentàmützà und -bänder genau auskennd hend. Drum hònd dià gwißt, dass mir vier zu de Kadolische gheret. Sonscht däd mà s oim id glei àseà.

Fir à Schdudendle isch às d högschd Ehr, wenn r an Schdammtisch nasitzà derf. Mir hond s z schätzà gwißt !

Dr. Fritz-Peter Rau, geb. 1937, aufgewachsen in Friedrichshafen. 1957 Abitur am GZG. 1972 in Friedrichshafen als Augenarzt in eigener Praxis niedergelassen.
Intensive Kontakte zum Schwäbisch während der Evakuierung von 1943 – 1945 in Weingarten und später wieder in der Praxis. In der Familie wird eher Schriftdeutsch mit deutlich schwäbischem Akzent gesprochen.

Familie Rau –
Häfler Stadtschwaben:

Großvater Friedrich Rau, geb. 1866 vermutlich in Hofen bei Stuttgart, gest. 1952 in Friedrichshafen. Ca. 1908 als Zugführer bei der Bahn nach Friedrichshafen gekommen. Mitbegründer des Kneipp-Vereins und Mitinitiator der Brunnenanlage im Riedlewald als Wassertretstelle.

Vater Josef Rau, geb. 1891 in Lauchheim, gest. 1982 in Friedrichshafen. Ab ca. 1925 selbstständiger Malermeister in Friedrichshafen.

Ein Häfler Stadtschwabe, der beim „Schwätzà“ seine schwäbische Herkunft nicht verleugnet, ist Dr. Ulrich Sauter. In seinem Büchlein „I hon Schmärza wia d Sau“ gibt er einen humorvollen Einblick in die schwäbische Seele:

DVD IV, 6

Dr. Ulrich Sauter, geboren 1931 in Friedrichshafen, verbrachte seine Kindheit und Schulzeit im heimatlichen „Hafen“. Als Kind wurde er von seinen Eltern auf die Katholische Volksschule geschickt. Als diese konfessionelle Schule aufgelöst und in die Deutsche Volksschule mit dem Namen Horst-Wessel-Schule überführt werden sollte, weigerte sich sein Vater Dr. Josef Sauter, seinen Sohn in der Horst-Wessel-Schule anzumelden. Noch heute finden sich in der jetzigen Pestalozzischule Dokumente dieses standhaften Eintretens gegen die nationalsozialistische Gleichschaltung. Nach dem Abitur am Graf-Zeppelin-Gymnasium und seiner medizinischen Ausbildung in Tübingen und München zog es Dr. Ulrich Sauter 1960 wieder nach Friedrichshafen, wo er zusammen mit seinem Vater in einer Gemeinschaftspraxis praktizierte. 2001 gab er aus Altersgründen seine Praxis auf. In den 41 Jahren seiner Tätigkeit als Häfler Allgemeinmediziner notierte er sich interessante und lustige Aussprüche seiner Patienten und schuf damit auch ein Zeugnis des heimischen stadtschwäbischen Dialektes.

I hon Schmärza wia d Sau.
Aus der Sprechstunde des Hausarztes Ulrich Sauter.

Heftiges Symptom.
I hon an Schnupfa, daß d’ Rotznas ins Maul neilauft!

Ruhestörung.
Mir hond jetz so a Kommede, und mir hond vorher im Haus da Frieda ghet wia im Friedhof!

Vorsicht!
I derf mi it auf an nackata Schtual nasetza, no hon i zwoi Dag koin Schtualgang meh!

Arbeitsfreude.
I will schaffa. Desch nix, wenn i drhoim hock wia so halbläbige Leich!

Gute Beschreibung.
Am Obend noch dära Omnibusfahrt hon i Fiaß ghet wia Saustallpfoschta!

Diffamierung eines Volksstammes.
Wisset Se, mai Schweschdr und ihr Sohn in Braunschweig, dia sind eigebildet. Wo där Hochzeit ghet hot, hot mai Schweschdr gsagd: Main Sohn möchte aber, daß Du zur Hochzeit ein langes Kleid trägst, und Du darfst nicht schwäbisch sprechen, sonst ist er blamiert!
No hon i denkt: Rutsch mr doch da Buckl nab, i blamier di it und bin drhoimblieba. Wisset Se, was där sagd? Schwaben, sagd där, sind Bläbsche! (Plebs).

Auffällige Narkose.
In dem Krankahaus dia betaibet mitra Bischdool wia wemma a Sau vrschiaßt!

Genaue Datierung.
Altes Ehepaar. Sie: Babba, wann isch jetz au dr Dings gschdorba? Er: Ha, des war doch um dia Zeit, wo se ’n nochher in Sarg glegt hond!

Klare Anweisung.
Dr jomeret all. I hon gsait, i ka it allaweil da Doktr holla, jetz ligsch halt na und schdirbschd!

Nihilismus.
s isch iebrall äbbes, bloß bei uns isches garnix!

Enttäuschung.

I bin amol aufm Trottoir gloffa, no isch a Auto langsam von hinda härgfahra. Wo där mie abr gsäha hot, isch 'r glei zuagfahra. Hinda hot's no dua, abr vorna war Feierobend!

Vorbeugung.

I loß da Leischtabruch bald operiera. I mechd jo it meine Kuttla auf dr Stroß hintrhärzieha miaßa!

Erste Gesellschaft.

Wißze, maine Bekannte waret doch bei dära Hochzeit vom Herzog in Alschhausa eiglada. Dia sind abr it beim Volk gsässa. Dr Deifel war do, und – wia hoißt ma 's Minischdr, bei dene sind se gsässa. Und – jetz fallt's mr wiedr ei – bei de Adlige. Mai Bekannte, dia war schee azoga, do hot ma moina kenna, des wär d' Braut, Wißze, mit ama großa Huat. Und dia hot auf jede Back an Kuß griagt von dr Diana und von dr Braut. Wißze, und dia ka äba franzeesisch. Ihr Gschdudierte, Ihr kennet Eich do scho bewega, abr i bin halt ughobelt. I woiß doch garit, wia ma mit dene schwätzt!

Ulrich Sauter: I hon Schmärza wia d Sau. Aus der Sprechstunde des Hausarztes Ulrich Sauter. Friedrichshafen: Eigenverlag 2004. Dieses Büchlein gibt es noch und eine Anschaffung lohnt sich für einen humorvollen und gesundheitsbewussten Schwaben allemal, da Humor eine der besten Arzneien ist.

Guter Rat.

86jährige Patientin: 's Altwärra isch net schön! I sag zu de Leit: Schauet, daß'r bis achzge gschdorba sind!

Überdosierung.

Min Ma schmirbt soviel Schmotz an mie na wia wenn'r an Karra schmirba dät![5]

Neid.

92jährige Patientin zeigt auf vollbusiges Mädchen in der Bildzeitung und sagt: Wenn se allaweil ihre Herzer rausschtrecked! Desch doch a Hex, wenn se au schee isch!

Gutes Gewissen.

Bäte und arbeite! Hot unsr Härrgott gsait. Und wa hommr dau? Gschaffet und bättet.

Vornehme Verwandtschaft.

Mir hond Familiaträffa ghet. Do war sogar oinr drbei, desch an Domkapitalischt gsai!

Lebenslange Sparsamkeit.

I kauf mir neie Kopfkissa. Wißt Se, wemma amol nainzge isch und mit drei-a-zwanzg gheirotet hot, no gheerat de alte Näschdr naus!

[5] Der Ausspruch weist eine interessante inhaltliche wie sprachliche Parallele zu einer bekannten Bibelstelle auf. Bereits vor Luther wurde die lateinische Bibel in viele Sprachen übersetzt, unter anderem 1490 ins Schwäbische. Psalm 23, Vers 5 lautet im lateinischen Ausgangstext: „Impinguasti in oleo caput meum." (= Du salbst mir mein Haupt mit Öl.) Die schwäbische Übersetzung aus dem Jahre1490 lautet: „Du schmierbsch mr mein Grind mit Schmotz." Wenn die Wörter „Grind", „Schmotz" und „schmierben" heute despektierlich wirken, so waren sie es ursprünglich nicht.

Auf den folgenden Seiten können Sie überprüfen, inwieweit Sie mittlerweile mit dem Seealemannischen und Stadtschwäbischen vertraut sind. Wir stellen Ihnen bodenseeschwäbische Mundart in zwei Schwierigkeitsgraden vor – einmal für Anfänger und einmal für Fortgeschrittene. Viel Vergnügen!

Seealemannisch und Stadtschwäbisch für Anfänger – mit Übersetzungshilfen

Was viele Reigschmeggde no id wissàd, nemlich:

dass d Fiàß von àmà Schwòb	bis zum Becken hinauf reichen.
dass mà rennà kaa wià à gsengte Sau	dank dieser optimierten Füße!
dass d Kuddlà im Leib rumdrää	nicht unbedingt etwas mit Harakiri zu tun haben muss.
dass oim dà Dibbl bohrà	kein operativer Eingriff ist!
dass en vàdrucktà Siàch	nicht vom Lastwagen überrollt wurde.
dass Buàbàschbitzlà zum Äàssà sind	und dies nichts mit Kannibalismus zu tun hat.
dass à Gschiss hòn	kein Durchfall sein muss.
dass dà Herzkaschbr hòn	nichts mit Puppentheater zu tun hat.
dass au àn daubà Siàch	meistens sehr gut hören kann.
dass en Endàglemmàr	nicht unbedingt eine Ente zwickt.
dass, wenn oim s Fiedlà schwätzt,	trotzdem keine Gerüche entweichen.
dass àn Goschàhobl	kein Küchengerät, sondern ein Instrument ist.
dass Ranzàpfiifà	aber kein Instrument, sondern eine Unpässlichkeit ist.
dass idd ganz bachà sei	durchaus temperatur- und zeitunabhängig ist.
dass, wenn oine koi Leichde isch,	keine Rückschlüsse auf das tatsächliche Gewicht gezogen werden können.
dass, wenn oine Holz vor àm Haus hòt,	nichts über ihre Energiereserven für den nächsten Winter gesagt werden kann.
dass en Hundsknochà	von Adam und Eva und nicht von Bello abstammt.
dass à gschbässigà Kuà	keine Bezeichnung für eine weibliche Person ist, sondern die Bezeichnung für eine am Rinderwahn erkrankte Kuh war, lange bevor man den Begriff BSE erfunden hatte.
dass dà Buggl weh duà kaa,	auch wenn man einen geraden Rücken hat.
dass à Kratzbürschd	nicht vom Hausierer und nicht auf der Messe zu kaufen ist.
dass Hòòr auf de Zähn	nichts mit mangelnder Körperpflege zu tun haben.
dass à Nasàfahrrad	kein modernes Fortbewegungsmittel ist.
dass, au wenn oiner auf dà Sau dàvoo kennd,	derjenige keine Reitstunden genommen haben muss.
dass es Kragàknepfle	im Hals und nicht am Hemd befestigt ist.
dass à käfàrfiedlàdroggene Gosch	reden kann wie geschmiert, wenn's ans Bestellen eines Kruges Most geht.
dass goschà wellà	jeder Schwabe kann, wenn er nur den Mund weit aufmacht.
dass Goschàwellà	aber dazu führen, dass jeder Häfler Schwabe tunlichst den Mund hält.

dass, wenns schmeckt wià eigschlòfàne Fiàß,	keine Extremitäten mitgekocht wurden.
dass, au wenn dà Giddàrlà scheißà kenndschd, samt de Pfrepf,	noch lange keine Glasartikel produziert werden können.
dass selbscht, wenn oiner Hòòreel soichà kennd,	er keinem Drogeriemarkt Konkurrenz macht!
dass en Soich schwätzà	auch jeder nichtgeübte Nichtschwabe kann!

Seealemannisch und Stadtschwäbisch – ohne Übersetzungshilfen

Was rächde Häfler eigendlich kennà missdàt:

D Agàt hagàt, wenn's dagàd.

La me sing, la me gong, i hòn dàr au niàz dong.

Von de reiche Leit ka mr s Schbarà lernà und von de arme s Schenggà.

Nimm bloß koi Arme! Se frisst soviel wià à Reiche.

Dir henk i s Kreiz aus, nò kaaschd dà Arsch in dà Schlingà hoim dragà.

Deàmm zoig e, wo dà Zimmermaa s Loch gmacht hòt.

I zoig dr glei, wo dà Bartl dà Moschd holt.

Schuldà hòn wià Scheitàrbeigà.

Däàrrà Katz isch gò glei gschdraid.

Dò sòicht d Katz links.

Der moint au, er sei dà Käs, dàwiil stinkt àr bloß.

Den hau e uugschbitzd in Bodà nei.

Der pfeift aus àm ledschdà Loch.

Den fraid dà Dreck auf dà Schdròòß.

Pack deine siebà Zwedschgà!

Dò bliibd dàr s Muul suber!

Mach màr bloß koine Fisimadendà!

No idd luck lòò!

Mandele, dur bloß idd aufmandelà!

Nò binne halt so frei!

Dees isch ghupft wià gschbrungà!

Der frisst wià àn Schainàdrescher.

Der guggd, wià d Goiß, wenn s blitzd.

Des waggled wià àn aldà Kuàschwanz.

Àn Kerle, wià àm Heiland sein Gaul!

Der sieht aus, wiàs Kätzle am Bauch.

Des isch drooled wià booled.

Der laufd wià àn Bott.

Der schaffed wià àn Brunnàbutzer.

Blärà wià àn Schlosshund.

D Gosch vàbrennà.

Noo idd hudlà!

Àn Schochà lachà.

Wer idd will, hòt ghett, und wer ghett hòt, brauchd nix me.

Dobbld gnäht hebbd besser.

Der isch liàbàr dò, wo scho gschaffed isch und no id gväschbred.

Dees dauerd ewig und drei Dag.

Dò hòsch dà Dreck!

À Nixle immà Bixle.

Aufbassà wià àn Häftlàsmachr.

Nix isch so nix, dass es idd fir äbbes äbbes wär!

2. Teil: Bodàseeschwòbà in Amerika

Das Seealemannisch bzw. Bodenseeschwäbisch wurde in Friedrichshafen und seiner Umgebung nicht nur durch den Zuzug von Schwaben, sondern auch – wenn auch in weitaus geringerem Maße – durch den Wegzug von Seealemannen geschwächt. Dr. Georg Wieland zeichnet die Geschichte einiger Ailinger Familien nach, die nach Amerika auswanderten:

Ailinger Bodensee-Alemannisch in Amerika

Eine bemerkenswerte alemannische Sprachinsel, die im Raum Friedrichshafen ihren Ursprung hat, liegt in den Vereinigten Staaten von Amerika vor. Auswanderer aus Ailingen und seinem Umland siedelten sich zwischen 1893 und 1925 vor allem in Dazey (Nord-Dakota) an und brachten das Bodensee-Alemannisch als ihre Muttersprache mit.

Der Ort Dazey war vom Großgrundbesitzer Mitchell Dazey und seinem Sohn Charles 1883 gegründet worden. Sie hatten 2240 *acres* (906 ha) Land erworben, um Landwirtschaft im großen Stil zu betreiben. Der Sohn Charles T. Dazey (1855 – 1938) studierte erst an der Universität Jura, seine Leidenschaft lag aber im Schreiben von Dramen und in der Schauspielerei. Mit seinem Theater „An American King" erlebte er 1883 im nahen Valley City den Durchbruch, woraufhin die Familie 1885 das Land verkaufte, damit Charles sich ganz dem Schreiben widmen konnte. Im Osten durfte er seine Talente unter Beweis stellen; sein größtes Stück „In Old Kentucky" erwies sich als voller Erfolg, es wurde später sogar verfilmt. Auf dem Land der Familie Dazey und anderen ungenutzten Präriefl ächen ließen sich Siedler aus England, skandinavischen Staaten und anderen Ländern nieder, darunter auch Aussiedler aus Oberschlesien und weiteren deutschen Regionen.

Die ersten Bodenseealemannen kamen ab 1893 nach Dazey. Ein Teil der Bodenseesiedler verließ Nord-Dakota nach einigen Jahren wieder und zog weiter, vor allem nach Mount Angel (Oregon). Den Ort hatten Schweizer Siedler 1882 gegründet. In Mount Angel steht seither ein Filialkloster der Benediktinerabtei Engelberg in Obwalden in der Zentralschweiz, weshalb der Ort auch nach diesem benannt ist (Engelberg = engl. Mount Angel).

In Dazey wurden hauptsächlich folgende Auswanderer sesshaft und gründeten dort ihre Familien: Karl Wieland (1867 – 1905) und Johann Wieland (1870 – 1941) aus Wiggenhausen, Anton Matt (1891 – 1966) und Bernhard Matt (1895 – 1978) aus Unterailingen, Johann Amann (1886 – 1970) und Karl Burkhart (1900 – 1983) aus Oberailingen, Hermann Eberle (1881 – 1948) aus Reinachhof bei Oberailingen, Georg Berger (1882 – 1950) aus Oberlottenweiler, Konrad Riedmann (1877 – 1940) aus Taldorf und Georg Amann (1896 – 1946) aus Adelsreute. Die meisten Einwanderer gingen zunächst ohne Frau und Kinder, die sie dann ein paar Jahre später aus der Heimat zu sich holten.

Die Siedler erwarben meist zusammenliegende 320 oder 640 *acres* Landflächen (130 bzw. 260 ha). Im Laufe der Jahre besaßen allerdings viele Siedler das Mehrfache davon, da sie immer wieder Grundstücke kauften. Johann Wieland beispielsweise gehörte die größte Farm der Gegend; bei seinem Tod im Jahr 1941 umfasste ihr Grundstück nicht weniger als 4920 *acres* (1990 ha), die dann auf vier seiner Söhne verteilt wurden. Zum Vergleich: die Farm war größer als der ganze Stadtteil Ettenkirch (1773 ha).

1904/05 wurde in der neuen Heimat von den Einwanderern vom Bodensee und von denjenigen aus Oberschlesien eine eigene katholische Kirche, St. Mary, bei der Farm der Brüder Wieland gebaut. Zunächst war diese eine Filialkirche der 40 Kilometer entfernten Pfarrkirche Valley City, dann war Dazey zeitweise eine eigene Pfarrgemeinde. Noch heute besteht der Kirchenchor (Männerchor), der anfangs nur deutsche Lieder sang und auch heute, neben vielen englischen, noch einige traditionelle deutsche Lieder singt. Das in Amerika von Katholiken normalerweise nicht praktizierte Fronleichnamsfest im Frühling (elf Tage nach Pfingsten) mit Prozession um den Friedhof wurde 1905 erstmals gefeiert; auch dieses Fest wird heute noch traditionell zelebriert.

Auf den Farmen der Einwanderer und ihrer Kinder wurde die deutsche Sprache für gehobene Texte (insbesondere Briefe und Lieder) verwendet. Umgangssprache war jedoch Dialekt, das reine Bodensee-Alemannisch, da fremde sprachliche Einflüsse auf den Dialekt fehlten. In der Schule wurde nur Englisch gesprochen, und auch die Erwachsenen mussten zum Teil mit ihren Kindern zur Schule gehen, um Englisch zu lernen, was ihnen sehr viel schwerer fiel als ihren Söhnen und Töchtern. Aber sie brauchten das Englisch für die Behörden, den Handel und für andere Erfordernisse, z. B. um mit den Nachbarn, die aus anderen Ländern und Nationen eingewandert waren, kommunizieren zu können. Seit der Kriegserklärung der USA gegenüber dem verhassten Nazi-Reich im Jahr 1941 durfte man Beziehungen zu Deutschland kaum noch öffentlich zeigen. Die deutsche Sprache war jahrelang verpönt, und die Kinder wurden nur noch in Englisch erzogen.

Nur die ursprüngliche Siedlergeneration behielt unbeirrt den Dialekt als Familiensprache weiter, die zweite Generation wechselte in ihrem täglichen Sprachgebrauch ab 1941 meist zur englischen Sprache. Die dritte Generation verstand meist den Dialekt zwar noch, verwendete jedoch fast nur noch die englische Alltagssprache, nicht zuletzt wegen den Auswirkungen des Zweiten Weltkriegs.

Der Schwund der alemannischen Sprachinsel war nur noch eine Frage der Zeit, da die Älteren nach und nach verstarben. Zu ihnen gehörte auch Helen Amann (1914 – 1997), die vor ihrem Tod alemannischen Ausdrücke und Redewendungen, die sie noch wusste, auf zehn Seiten aufzeichnete. Der Gebrauch des Dialekts wurde weniger und weniger; kaum jemand der Nachfahren der Bodensee-Alemannen kann heute noch Alemannisch sprechen.

Nach dem Zweiten Weltkrieg kamen in den 1950er Jahren neue Kontakte, aus denen nach und nach unbelastete Begegnungen und wieder viele Freundschaften wurden. Bei häufigen Reisen hinüber und herüber (zuletzt im August 2005) hörte man auch das immer seltener werdende Amerika-Alemannisch. Ältere Amerikaner benutzten den Dialekt nur noch, wenn sie nach Deutschland kamen (z. B. *bliibà, Käär, nab* und *nuuf* oder *Ziischdik*, bleiben, Keller, hinab, hinauf, Dienstag), denn viele der deutschen Verwandten beherrschten ihre englische Sprache noch nicht. Damals war der Englischunterricht noch kein Thema in den deutschen „Volksschulen" und bis zur Bildungsreform um 1965 besuchten nur einzelne Schüler die Realschulen oder das Gymnasium.

Die deutschen Ursprünge seiner Vorfahren bewogen den Amerikaner George Wieland (geb. 1937), den Beruf Deutschlehrer zu ergreifen. Sein Neffe, Musik-Dozent Bill Wieland (geb. 1964), belegte im Studium das Nebenfach Deutsch; er spricht seit der Geburt seines ältesten Sohnes John (geb. 1997) mit ihm und seinen jüngeren Geschwistern nur Deutsch (mit der Mutter Englisch) und so werden die Kinder zweisprachig erzogen. Allerdings reden die oben Genannten (Bill und dessen Kinder) nur Hochdeutsch, da sie schon der vierten und fünften Generation angehören und keinen Dialekt mehr beherrschen.

Als George Wieland 2006 zu den eigenen Erfahrungen mit dem alemannischen Dialekt befragt wurde, schrieb er: „Als ich im Deutschunterricht an der Universität Deutsch gesprochen habe, mussten die Lehrer oft meine Aussprache korrigieren, weil ich zu Hause nur Alemannisch gehört hatte."

An Weihnachten 1960 wurde vom Kirchenchor ein Tonband für die deutschen Verwandten aufgenommen. Es enthält eine kurze Geschichte des Chors, viel Grüße und aktuelle Berichte sowie 16 deutsche und zwei englische religiöse und weltliche Lieder, gesungen vom Kirchenchor. Ferner enthält es Ausschnitte aus zwei Messen (das Repertoire des Chores damals umfasste insgesamt 23 Messen!).

Das Lied „Teure Heimat", das mit „Nach der Heimat möcht' ich wieder" beginnt, wurde oft gesungen. Carl Kromer (1865 – 1939), damaliger Chorführer in der Stutttgarter Oper, dichtete und vertonte es 1889. Das Lied drückt die Heimatsehnsucht der ersten Siedlergeneration sehr gut aus.

Die deutschen Texte auf dem Band waren von älteren Sprechern teils in der Hochsprache, teils im Dialekt gesprochen, die englischen von jüngeren; so wurde unbewusst ein Querschnitt durch die sprachliche Entwicklung dargestellt.

Die Geschichte des Chores auf dem Tonband wurde von William Wieland (1903 – 1961) auf Hochdeutsch vorgetragen und schloss mit den Sätzen: *„Entschuldige mein Deutsch-sprechen. Meine Eltern haben immer schwäbisch geschwätzt* [meint Bodensee-Alemannisch]. *Schwäbisch kann e immr no guat schwätze!"* Jack Wieland (1935 – 2005) sagte im Tonband zu Verwandten, die ihn besuchen wollten: *„Es isch jetzt vier Johr, und du hosch zwoi Johr gesagt! Grüeß an alle dett!"* Joe Berger (geb. 1920, heute in Valley City wohnhaft) wünschte *„Fröhliche Weihnachten und a guet's nei's Johr!"*

Helen Amann (1914 – 1997):
„The Genuine Schwäbisch Colloquializms“

Helen Amann wurde am 20. März 1914 in Dazey/ND. als Tochter von Alois Kunze aus Mühlsdorf/Oberschlesien und Franziska Brendle aus Oberailingen geboren. 1936 heiratete sie in St. Mary's Church of Dazey George Amann aus Hütten bei Adelsreute.

In der Erinnerung an ihre Muttersprache (im eigentlichen Sinn des Wortes: die Sprache ihrer Mutter!) stellte sie eine Liste von häufigen bodenseeschwäbischen, sprich seealemannischen Wendungen zusammen, die hier auszugsweise wiedergegeben wird.

Frau Amann versucht diese schwäbischen Wendungen lautgetreu zu schreiben – allerdings lautgetreu in Englisch (!): „These phrases are now presented in as close as possible to original phonetic pronunciation and are spelled accordingly in such manner. They are written with no regard as to wether they are in good taste or if they meet the criteria of too profane. This is intended as a look at Folklore from St. Mary's.“

Schwahbah hahbe ahndaireh schwetzerei.	Schwaebians have a different way of speaking.
Ee will bloz sehe.	I just want to see.
Ist days ein dumma seeuch.	Isn't that a dumb sick bugger.
A gittooee.	A big goings on. Big doings.
Alte hex.	Old witch.
Dee fatte los.	The fat brood sow.
Sau massig.	Massive dirty pig.
Ist alles kaput.	Everything is broken. All is ruined.
Dooma aysel.	Dumb ass.
Scheiss dreck.	Dirty shit.
In der note frisst der teufel fleeaga.	At the time of greatest need the devil will eat flys.
Vehreckt alles.	Everything is dying. All is ruined.
Es toot mihr im fiddlah way.	My ass aches. It's a pain in my ass.
Der sell dett.	That one over there. That one there.
Air ist ein gooter kerl.	He is a nice guy. He's a good pal.
Days ist so ein schaff sekel sekel.	That's such a sheep's penis, penis.
So a schahnd feeh.	Such a shameful animal.
Haught air jetzt bauhld amahl genoog.	Does he have enough now.
So eine alte scherbel.	Such an old broken dish.
Alts krettlee.	Old box.
So ein tahg deeab.	Such a day time thief.
Ee hab so ein verechteges grinweh.	I have a splitting headache.
Growseh goescha.	Big mouth.
Alte koohah.	Old cow.
Wahrlich, wahrlich sahg ich euch.	Amen, Amen I say to you.
Twelt gought bahld oondere.	The world will soon go under.
Ehr war halt weeder ksoaffa.	Well, he was drunk again.
Ach doo leeber schtrosak.	Oh you lovely straw sack.
Dee ist ein altes looder.	That is an old hag. She is an old bitch.
So ein alter heichler.	Such an old phony. Such a big bullshitter.
Ee will bloz seha wea days zua gought wen se mall alle schtudeert sind. Feeleicht goughts den besser.	I just want to see how that will go when all have been educated once. Maybe then it will go better.
Days ist neamus.	That is something.

Wee feel mal ha bee days gesought.
Veraykte hooriges looder.
Days ist so scheiss worscht.
Kahtza dreck.
Days ist ein alter sau hund.
Hairid doch oov.
Denk amahl.
Du hast deine larfa dabuy.
Machid doch teer zua.
Oh dea bahndy.
Doo laus boob.
Machid doch fressa zua.
Air ist noch laydig.
Schpahrsom.
Pahsoov.
Hoy. Hoy.
Ee moos beechte.
Dahs Krist Kind kommt feer oons ahn
Weinachts ahbend.
Dehr wair hauch auf steht,
dehr fault auch hauch rah.
So ein alts gloomp.
Wihr hound alleh weescht tung.
So ein blaytzin.
Eeber lahda bringt schahdah.
Days huot toung wea wenn see hehtid
in ein lehra hahva inne brayled.
Im freeyahr toon wihr wauotzah saehen.
Feer feerzk yahr hound wihr maiza brents
mooz feer breckfesht fresshah.
Oh doo army sail.
Doo bist ein ganz verdorbenah frahtz.
Dehr Ohstehr Hahz laygt Ohstehr Eyer.
Gockehly.
Dehr pcheest wea dehr teufel.
Tzoona breant wea hell.
Ehr huot schtahrk bauch way und huot
maiza kotza.
Ehr huot tozah full kschissah.
Dehr eeser ahff.
Days alte ryndfeeh.
Dehr shpinaht seeht aus wea gongs dreck.
Dehr scheiss kahter soughcht ahn ahleh ecke.
Ee binn so mead.
Dehrah toots laahche way.
Ee hahb a loch ihm shtroompf.

How often did I say that.
Crazy horrible hag.
That‘s such shiting poor sausage.
Cat shit.
That‘s a dirty old dog.
Stop right now.
Think once.
You‘ve got your suck face present.
Close the door.
That wonderful bunch of youngsters.
You lousy boy.
Get around to closing your mouth. Shut up.
He‘s still single.
Very saving.
Look out.
Surprise, surprise.
I must go to confession.
The Christ Child comes to us on Christmas Eve.

He who climbs up high will also fall a
long way down.
Such an old junker. That old heap.
We all did a lot of scrapping.
Such a foolishness.
Over loading brings damage.
It sounded like they hollered into an empty pot.

In the spring we seed wheat.
For forty years we had to eat burnt mash
for breakfast.
Oh you poor soul.
You are a very spoiled brat.
The Easter Bunny lays Easter Eggs.
An egg.
He cheats like the devil.
The sun burns like hell.
He had a painful bellyache and had to vomit.

He shit his pants full.
That‘s our monkey. It‘s our ape.
That old bull. Such an old bull.
That spinach looks like goose shit.
That damn tomcat pisses on every corner.
I am so tired. I‘m exhausted.
Laughing is painful for her.
I have a hole in my stocking.

V. Vom Seehas und den anderen sechs Schwaben in Friedrichshafen

Die sieben Schwaben sind weitbekannt, die Sage in ihren Einzelheiten ist es mittlerweile jedoch weniger. Um diesem Verlust von epochaler schwäbischer Allgemeinbildung entgegenzuwirken, sollte ein bildungswilliger Leser sich die Geschichte noch einmal vor Augen führen. Irmingard Rau erzählt sie in ihrem Häfler Stadtschwäbisch.

D Gschicht von de Siebà Schwòbà,

DVD V, 1

Irmingard Rau

so aufgschriebà, wie i se vrzehlà dät, wenn i s auf Schwäbisch duà misst.

Also, mit denne Siebà Schwòbà, mit denne hòt s folgende Bewandtnis ghet:

Vor à baar hundert Jòhr isch dr Seewald, der heit so ganz manierlich und dägàmäßig aussieht, no an richtigà Urwald gwesà. Kuànacht war s dò, und à Durchkommà hòt s fascht kois gäbà. Koi Wunder sind d Leit auf d Idee kommà – se waret dòmòls halt no zimmlich uverschdendig – in dem Wald dò drinnà dät à grausigs Ugheier hausà. Groß und Kloi hòt Angscht vor m ghet.

Dòmòls hòt am Bodàsee, gnauer gsagt bei Iberlingà, n Ma glebd, der hòt Jockl ghoißà. À bißle g'schbässig war r scho, r isch nemlich dr liàbe lange Dag wie n Has am See ghogget. Wahrscheints dròm hend s n dr Seehas ghoißà. Der hòt bei sich denkt: „Des Ugheier, des muàß weg! Aber wià? S Bescht, i suàch mr à baar gscheide Kerle, die mr drbei helfàt.“ Denkt und duà war ois: loszogà isch r.

Nòch à baar Dag isch r in Freiburg aitrudelt. Dò isch r auf oin gstoßà, hòt der doch glatt statt Knepf Bendel an seine Hosà ghet zum se Zammàhaltà! M Jockl isch r à bißle arg oifach vorkommà, aber er hòt n oinàweg frògt, ob r it mit ihm zum des Viech Hiemachà gangà dät. Und der hòt gsagt: „Warum net?“ – und loszogà sin se. Wegs seiner Neschdelei mit dene Bendel hòt n unser Seehas dr „Neschdlschwòb“ ghoißà.

So sin se also zu zwoit loszogà dr Schwäbsche Alb zuà. Im à kloinà Schdädtle, s hòt Bopfingà ghoißà, hend se aikehrt, und dò hend se ums Numguggà dr negscht Kamrad gfundà. „Wià hoisch?“, hòt n dr Jockl gfrògt, und der, it faul: „Eigendlich Veidle, aber no eigendlicher Gelbfiàßler“. Dò driàber hend se sich nadierlich gwundert, und so hòt r vrzehlà missà, wià er und alle Leit von Bopfingà zu sellem Spitznamà kommà sind.

Des sei nemlich so gwäsà:

Seit Jòhr und Dag heddet se m Herzog jeds Jòhr n Haufà Oier abliàfrà missà. Zmòl sei dr Birgermoischder, des Oberschlaule, auf d Idee kommà, mr kennt dià Oier à bißle zammàstampfà: nà dät s n kloinrà Karrà. Dr gerescht hòt nemlich ihm ghert, und des hot n gruiet. Also nai ind Oier

Irmingard Rau, geb. 1945 eher zufällig in Ellwangen/Jagst. Schulzeit in Ravensburg, Abitur 1964 am Humanistischen Gymnasium.
Im Elternhaus schwäbisch gefärbtes Hochdeutsch. Im Schulunterricht jeglicher Dialekt verpönt. Berührung mit dem schwäbischen Dialekt durch Hausangestellte, auf „der Gass", und durch sehr ländliche Verwandte aus der Biberacher Gegend.
Nach dem Abitur Studium der Germanistik und der Klassischen Philologie an verschiedenen deutschen Hochschulorten. „Deutsche Hochlautung" Pflichtfach für angehende Gymnasiallehrer. In Berlin Akzeptanzprobleme wegen offensichtlichen „Schwäbelns" (Tenor: Dialektsprecher sind dumm). Kurze Lehrtätigkeit in Tübingen und Ravensburg, Schwäbisch im Unterricht tabu. Dann Hausfrau, Mutter und Mitarbeiterin in der Praxis des Ehemanns. Dort zunehmend Kontakt mit dialektsprechenden Patienten aus Friedrichshafen und Umgebung. Bemühen, mit diesen auf ihrer Sprachebene zu kommunizieren, führt zwangsläufig zum Dialektsprechen. Heute je nach Gesprächspartner Dialekt oder schwäbisch gefärbtes Hochdeutsch.

und gschdampft! Und wie isch ausgangà? N Oierschlonz im Karrà und à gelbe Schmirasche an de Fieß. Und so hettet se halt, zum se ärgrà, sellà Namà griàgt.

Jetzt waret se also scho zdritt. Wägerle sind se firremarschiert, bis se ins Ries kommà sind. Dò isch ne n Kerle überkommà – Jesses, hòt der à Schdadur ghet! À Riesàmannsbild! Koi Wunder, s Ries isch nemlich à nahrhafte Gegend. Dò esset d Leit am liàbschde dr ganze Tag Knepflà; des isch so was Ehnlichs wie bei uns d Spätzlà. Drum hend se n au dr „Knepflesschwòb" ghoißà. So oiner hòt grad no gfehlt in dàrà Druppe: der hòt nemlich prima kochà kennà. Und Hunger hend dià Kerle nadierlich immer ghet: vom hellà Morgà bis in d Nacht nài!

Zviert waret sè immer nò drei zwenig. Dr Fümpft hend se allerdings bald innera Wirtschaft aufgabelt. Wie der dò so sinnierig vor seim Bier hockt, hend se n wellà à bißle aufmuntrà und hend m von dem Ugheier im Seewald vrzehlt. Hò, der isch velleicht fuchsig worrà und aufgschbritzt! „Heidàblitz! Do mach i mit!" hòt r schrieà. Der hot ittàmòl me sei Bier ausdrunkà. Und well r ällhäck „Heidàblitz" schrieà hòt, hend s m dr Namà „Blitzschwòb" gäbà. Daß r eigentlich Jergle ghoißà hòt, hòt se net weiter intressiert.

Zufümpft sind se weiterzogà. Dò isch ne oiner iber dr Weg glaufà, der hòt grad sei Nas am Ärml abbutzt. Scheints it zum erstà Mòl, hòt seller Ärml doch glenzt wie à Schleifetze im Winter. Mr hett sich fascht drin spiàglà kennà. Au den hend se animiert zum Mitgangà. R hòt dr Namà „Spiegelschwòb" griàgt. Der hot zwar ganz uverhohlà zuàgebà, dass r n Angschdhas isch, aber er kennt drfier fuàsslà wie n Bott. Und drzuànà dät er oin kennà, den däts vor nix grausà, ittàmòl vorm Deifel seiner Großmudder. Im Allgäu sei r drhoim. Ob mr den it mitnemmà sòtt?

Stugger Sechse sin se also weiterzogà ins Allgäu und hend n auf seim Bauràhof – s war dr Schulzàbauer – hoimgsuàcht. Dem hòt des Ugheier iberhaupt it imponiert. „Gopfersprich, was wend r! I gang mit!" Des war alls, was r gsagt hòt, und so waret se jetzt mit dem Allgaier endlich die komplette Siebà Schwòbà. Jetzt hòts also kennà losgangà.

Se hend nadiàrlich glei gmergt, dass se des gfährlich Viech net mit de bloße Hend packà kennet, und so hend se sinniert und dischbadiert, bis m Jockl n Geischdesblitz kommà isch.

Der hòt gsagt: „Mir sind zammà, gheret zammà und bleibet zammà. Also nemmà mr zammà oin großà Spiàß." So was hot n Schmied id auf Lager. Drum hend se oin machà lassà. Dann hend se sich aufgschdellt, oiner hinterm andrà, zvorderscht drannà dr Jockl und – hau ruck! – hend se dr Spiàß vom Bodà hochgrissà und los sin se marschiert: immer m Bodesee zuà.

Des Raisle hòt sich nàzogà und war alls andre als komod. Was dià Kerle für Schdigglà erlebt hend! Mr ka s fascht it glaubà. Guàt und gern à halb Dutzend mòl hets schier gar falliert mit ne. Aber zguàter Letscht hend se doch no von weitem dr Seewald gsäà und drhinder dr Bodàsee.

Jetzt wird's gò ernscht, des hend se alle siebà gmerkt, und d Herzer sin ne mächtig in d Hosà grutscht. Ums Numguggà waret alle große Schbrüch vrgessà, und auf oimòl hòt koiner me dr Vorderscht sei wellà. Isch ja au koi Wunder! Wer will scho owoigerlich gfressà werrà! Ganz gloilaut sind se weiterzogà. Zletscht hend se no richtig Hendel griàgt. Doch dann hòt dr Jockl, s war halt doch dr Gscheidscht, gmoint: jetzt, wo ihr letschts

Schdündle gschlagà het, sottàt se sich vrtragà und liàber no à ordentliche Schissel Knepflà spachtlà. Und des hend se dann au duà. Dann hend se sich aufgschdellt, mitanander dr Spiàß packt und sin mit woiche Knià in Wald nei gwackelt.

Kaum hend se à baar Schritt duà, hòts au scho graschelt. Jessses, Maria und Josef, des Viech isch jà ganz in dr Näh! Dò gibts bloß ois: Auge zuà, standàbleibà und sich am Spiàß feschdglammerà, dass mr it umhagelt. Aber so äbbes gòht au bloß à Weile guàt. Zguàter Letscht hòt sich dr Allgaier, der isch nemlich zvorderscht drannà gstandà, aufgrabbelt und hòt sein ganzà Mumm zammàgnommà. „Oin gozzigà Schritt kennt mr jò risgiàrà“, hòt r denkt und hòt drbei n ganz firchterlichà Briller losglassà. Und was sagsch etzt? Des Viech isch himmelhoch aufgjuckt und ab und drvo.

Die Siebà sind ziemlich vrdaddert dògstandà und hend zerscht amòl à Portion Lecher in Bodà nei guggt. Ob se wellà hend oder it: se hend zuàgebà müssà, daß des vrmointlich Ugheier nix anders gwesà isch als... n Has. Allerdings n mords Has, und sellà hettàt se auf oinàwägl vrjagt. Dò drà sei net z`rüttlà. Und des sei oineweg zwar it à ganz große, aber doch à reschbegdable Heldàdat.

Auf weitere Schdügglà hend se dann aber doch koi große Luscht me ghet und s Trübble isch ausananderglaufà, wo nà, woiß mr it. Aber d Gschicht von denne Siebà Schwòbà, die isch bliàbà.

Ein kritischer, wenn auch geneigter Leser wird sich jetzt – trotz Berücksichtigung des allgemeinbildenden Potentials der Sage – vielleicht fragen, was denn die Geschichte mit Friedrichshafen zu tun hat. Von den handelnden Personen und den Herkunftsorten der Helden her gesehen? Gar nichts. Vom Inhalt her? Auch nichts. Von den Schwabenstreichen aus betrachtet? Na ja, vielleicht schon eher...

Aber es gibt doch einen größeren Zusammenhang:

In Friedrichshafen wird seit 1949 das Seehasenfest gefeiert. Ziel dieses Kinder- und Heimatfestes war es, für die Kinder der im Zweiten Weltkrieg zerstörten Stadt als Abwechslung vom grauen Alltag ein schönes und froh stimmendes Fest zu feiern.

Bei der Namensgebung für dieses Fest kamen die Verantwortlichen unter Konstantin Schmäh schnell auf die Bezeichnung Seehasenfest, da die Häfler seit langem den Spitznamen „Seehasen“ trugen. Ob Konstantin Schmäh und seinen Mitstreitern bei dieser Namensgebung bewusst war, dass sie damit an die Tradition des historischen Schwaben, das noch nicht unter Baden und Württemberg aufgeteilt war, anknüpften? Wie auch immer, ob unbewusst oder bewusst: Jedenfalls zeigt das Liedblatt des ersten Häfler Heimatliedes[1] die sieben Schwaben und erinnert damit an die Zeit, als der erste der sieben Schwaben, genannt Seehas, noch seealemannisch sprach und aus Überlingen, vom Nordufer des Bodensees stammte. Und am Bodensee kämpften die sieben wackeren Schwaben auch gegen das Hasenungetüm. Auf dem Liedblatt ist die Geschichte ins Nachkriegs-Friedrichshafen verlegt, die Schlosskirche mit einem intakten und einem zerstörten Zwiebelturm im Hintergrund des Prospekts gibt eine eindeutige Lokalisierung und Datierung: Friedrichshafen also doch in der Tradition der sieben Schwaben.

Allerdings bleibt eine Frage vorerst im Unbestimmten: Sind die Häfler Seehasen nun nach dem ersten der sieben Schwaben, genannt Seehas, benannt oder nach dem von ihnen gejagten Seehasenungetüm?

DVD V, 2

[1] Das erste Friedrichshafener Heimatlied wurde um 1946 von Reallehrer Anton König verfasst, von Musiklehrer Paul Schmidt vertont und von Zeichenlehrer Fritz Kettnacker gestaltet. Genaueres dazu in: Stadt Friedrichshafen (Hrsg.): Geschichten aus Buchhorn und Friedrichshafen. Historisches Lesebuch für die Jugend der Stadt. S. 346.

Im ersten Festzug 1949 zogen als Hasen verkleidete Häfler Bürger mit: die ersten 40 Seehäschen, begleitet von einem „Hasenvater“ und einer „Hasenmutter“. Aber auch die sieben Schwaben waren mit dabei.

Im folgenden Jahr 1950 gab es ein neues Heimatlied der Stadt, der Text stammte von Konstantin Schmäh, die Vertonung wieder von Paul Schmidt. Das Liedblatt dazu zeigt die stilisierte Ansicht von Friedrichshafen, links davon den Seehasen des Seehasenschießens, rechts davon ein Mädchen mit einem Blumenbogen. Im Hintergrund darüber ein Zeppelin-Luftschiff.

Also eine leichte Verschiebung der Antwort in Richtung leporaler Herkunft[2]?

Doch auch heute noch gehört zum Seehasenfest außer dem Häfler Seehasen und den Erstklässlern als Seehäslein die Gruppe der sieben Schwaben, die in jedem Festumzug die Zuschauer daran erinnern, dass es auch in Friedrichshafen heute noch viele, sozusagen sieben mal sieben mal sieben, Schwaben gibt.

DVD V, 3

[2] leporal (adj.) zu lat. lepus, oris m Hase; leporale Herkunft: von Hasen abstammend. Diese „Hasenogenese“ dürfte für jeden Häfler Evolutionsbiologen ein völlig neues Forschungsfeld, sozusagen ein weites Hasen-Feld, eröffnen.

Echte Seehasen?

Ja, echt, in Friedrichshafen allerdings nur für drei Tage im Jahr, ansonsten irgendwo am Grunde des Bodensees.

Nein, trotz seines Namens Georg Hasenmüller kein echter Seehas, sondern – da aus Bopfingen-Flochberg stammend – ein Gelbfüßler, allerdings sehr sympathisch.

Nein, kein echter Seehas, sondern plumper Versuch, das Häfler Original zu imitieren.

Ja, echt, seit dem ersten Seehasenfest 1949 sind viele Tausende von Häfler Kindern mit Hasenohren als „Seehäsle“ durch die Stadt spaziert. Warum nur?

Ja, echter Seehasen-(Fest-)Zug der Hegau-Bodensee-Bahn, ist viel öfters anzutreffen als der Häfler Seehas.

Text des Seehasengeldes vom 10. Oktober 1923:

***„O lieber Seehas, spring wie einst /
Laß ab von Streit und Putschen /
Und laß den Welschen, wenn er schreit /
Den Buckel runter rutschen."***

Ja, echt, aber heute leider nicht mehr gültig. Schade!

Nein, Fälschung, ein raffiniert getarnter Dachhase.

Jain, kein echter Seehas, aber echtes Seehasenmaskottchen. Hier auf Weltfahrt in London.

Und hier in Rom: Besuch bei der Kapitolinischen Wölfin.

Auch wenn die Häfler sich in ihrer Tradition mehr und mehr auf das weiche und flauschige Hasentier „einschießen“ (daher wohl auch der Begriff „Seehasenschießen”), ist doch ihre Abstammung von den sieben Schwaben, ihre Herkunft aus dem ganzen Schwabenland, nicht zu verleugnen: Immer wieder geschieht es in der Stadt, dass Schwabenstreiche geradezu erfunden und ins Werk gesetzt werden.

Zwei Beispiele gefällig? Bitte sehr:

Dr erschde Schdroich:

Dià Wirttàbergàr und bsondàrs d Kenigin Olga, dià als Schweschdàr vom russischà Zarà dàhoim hòt Russisch leàrnà miàssà und koi Schwäbisch schwätzà dürfà hòt, hòt – nòchdem se dà Kenig Karl gheiròded hòt, de Häfler dà Riedlewald gredded. Für des wollt se à Lindà-Allee vom Wald bis zum Schloss, dià ihràn Namà drägt. Aber heit schdòht in der ganzà Olgaschdròòß koin oinzigà Lindàbaum meh. Wer dòdàfir vrantwortlich isch, woiß au koiner meh. Dòdàbei hetts dià Olga vàdient, dass mà sich an sià im Schaddà von dene Lindàbaim erinnràt. Und mà wär rà no heit dankbar fir dià Allee, wenn mà beim Schbaziàrà in dr Olgaschdròòß beim Sonnàschai nedd so schwitzà miàsst und beim Räàgà nedd so nass weàrrà dät. Mà sott wiidàr Baim pflanzà und dià Olgaschdròòß in Olga-Allee umdaufà. Des wär zwar nedd billig, aber rächd!

En andrà Schdroich:

„Fridolin“ im Hafà.

Erinnred ihr eich no an des Debakl mit dene Kaddamaran? Erscht hònd dià Gegner gmoint, dass dià Dinger idd wirdschaftlich fahred und rode Zahlà schreibet – des isch, glaub i, jetzt scho vàgässà - und denn hànd se gschdriddà, weil ihne dà Namà vom Fridolin idd basst hòt. Dò hànd se scho recht ghett: wenn dà oine Kahn „Constanze“ hoißt, denn kanns für dà Häfler Kaddamaran nur oin gotziggà richdigà Namà geàbà, nämlich „Frieder“. Dià, dià des entschiedà hànd, hànd hald idd gwisst, wià dà Friedrich auf Schwäbisch hoißt: „Frieder“ und idd andersch. Scho vàbasst! Jetzt hoißt er halt „Fridolin“, so schlimm isch des au idd. Was dò abàr im Sommer 2005 in wahre Lääsàrbriàfschlachdà abgangà isch, des isch mehr als à Schand gwäà. Dò hànd doch à baar Schreiberling nòch iiber fufzg Jòhr friedlichem Zsäämmàlääbà von Badener und Wirttàbergàr uralde Vorurtoil aus de Schubladà zogà – und wenn se au dòmòls unser Buàch iiber d „Schwòbà im Hafà“ no idd glääsà ghet hànd – so heddedse drotzdem wissà miàssà, dass mà idd so iiber seine badische Nòchbrà, dià jò Aldschwòbà im beschtà Sinn sind, schimpfà dàrf. Dià hànd so gschumpfà, dass mà des nòmòl als abschreckende Beischbiel, wià mà s idd machà dàrf, bringà muàss: „Fridolin – Die späte Rache der Konstanzer dafür, dass Graf Zeppelin sich vor über hundert Jahren für

Friedrichshafen entschieden hat…" odr: „Der Gipfel der Demütigung, die nun ganz Friedrichshafen über sich ergehen lassen muss und uns der Lächerlichkeit preisgibt…" odr: „Die Konstanzer erhalten (gewollt oder ungewollt) Unterstützung, eine breite badische Front, angeführt von der Fridolinsfahne, schießt verbal eine Breitseite auf die vermeintlich ‚tumben' Schwaben ab. Schade, dass es auf dem Bodensee keine Schiffskanonen mehr gibt…"

Gell, wenn ihr des lääsed, denn frògàd r eich au, ob dià, dià so en Läàddàkäs gschriibà hònd, vielleicht idd ganz bachà sind odr was mit dene los isch. Odr, was moined ihr?

Die Liste der Häfler Schwabenstreiche ließe sich fortsetzen…

VI. Von „reingschmeckten“ Häflern, die einen eigenen Dialekt haben

In Friedrichshafen gibt es nicht nur Seealemannen und Stadtschwaben, sondern auch noch andere nette Leute, die das Schicksal an den Strand des Schwäbischen Meers getragen hat.

Die Biographien dieser „Reingschmeckten“ spiegeln ein Stück deutscher, aber auch Häfler Geschichte wider. Unter dem Betrachtungswinkel der Dialektverhältnisse in Friedrichshafen ist festzuhalten, dass diese Friedrichshafener Bürger mit ihrer persönlichen Vita auch ihre eigenen Dialekte mitgebracht und damit zu dem jetzigen Sprachzustand beigetragen haben. Obwohl man diese Dialekte in der Häfler Öffentlichkeit nur gefiltert hören bzw. wahrnehmen kann, so sind sie doch (noch) vorhanden. Um auch sie angemessen vorstellen zu können, haben wir Häflerinnen und Häfler, die andere Dialekte beherrschen, gebeten, einen kleinen Text in ihre jeweilige Muttersprache zu übersetzen. Bei unserer Suche nach verschiedenen deutschsprachigen Dialektsprechern sind wir auf viele Häfler gestoßen, die spontan und bereitwillig mitgemacht haben.

Der Text dreht sich um den schwäbischen Spruch „*Schellet Se net an sellra Schell, sella Schell schellet net, schellet Se an sellra Schell, sella Schell schellet!*“ und spielt selbstironisch mit der schwäbischen Sparsamkeit, die man böswillig auch als Geiz bezeichnen könnte.

Der in Hochdeutsch abgefasste Text, der als Grundlage für die jeweiligen Übersetzungen diente, lautet:

Es kommt in Friedrichshafen ein Bettler an ein Haus. Als er gerade an der Klingel läuten will, kommt ein Mann vorbei und sagt zu ihm: „Läuten Sie nicht an dieser Klingel, diese Klingel läutet nicht, läuten Sie an jener Klingel, jene Klingel läutet!“ Gesagt – getan. Der Bettler läutet an jener Klingel, ein Fenster geht auf und eine Frau fragt: „Was wollen Sie?“ Da antwortet der Bettler: „Ja, schauen Sie mich doch an – ich habe seit drei Tagen nichts mehr gegessen“, worauf die Frau meint: „Sie müssen sich eben zwingen!“

Diesen Text finden Sie auf den folgenden Seiten in zwanzig verschiedenen Dialektfassungen. Dabei ist zum richtigen Verständnis folgende Hintergrundinformation wichtig:

Unsere Dialektsammlung wurde dadurch ermöglicht, dass Häfler, die zum Teil schon lange Zeit in Friedrichshafen leben, sich ihren Heimatdialekt – so gut sie es konnten – vergegenwärtigt haben. Dabei mögen sich Unterschiede zu den heute aktuell gesprochenen Dialekten ergeben – diese eventuellen Ungenauigkeiten können aber unter der Prämisse, dass Häfler eben ihren Idiolekt sprechen, vernachlässigt werden. Mit anderen Worten: Jeder Mensch hat seine eigene Ausdrucksweise; wenn z. B. fünf Häfler Schwaben den Text übersetzen, gibt es fünf verschiedene Fassungen – und alle sind sprachlich nicht falsch. Für die Schreibung der unterschiedlichen Lautungen verwenden wir aus pragmatischen Gründen das schriftdeutsche Alphabet. Die dadurch entstehenden Ungenauigkeiten bei der Verschriftlichung der gesprochenen Laute nehmen wir in Kauf – die korrekte Wiedergabe des gesprochenen Textes liefern die Filmaufzeichnungen auf der DVD. Testen Sie einmal ihre Sprachkenntnisse. Um welche Dialekte handelt es sich? Die Auflösung finden Sie auf den Seiten 114 bis 123. Hier erfahren Sie auch, welches persönliches Schicksal bzw. welcher persönliche Lebensweg sich hinter dem jeweiligen Dialekt verbirgt.

Heidi Wieland

DVD VI, 1

Es chunnt en Bättler z Friedrichshafe an es Huus. Woner grad a de Lüüti hät welle schälle, chunnt en Maa vebii und säit zunem: „Schälled Si nöd a dere Lüüti, die Lüüti gaht nöd, trucked Si uf säben Chnopf, dä Chnopf gaat!“ Gsait – gmacht. De Bättler schället a säbere Lüüti, es Feischter gaat uuf und e Frau fröget: „Was wänd Si?“ Da sait de Bättler druf: „Ja, lueget Si mich doch aa – ich ha sit drü Täg nüt me gässe“, wodruf die Frau meint: „Si müend sich ebe zwinge!“

Evelin Martin

DVD VI, 2

Z Friedrichshafo kummt an Beattlar an a Huus. Als er grad schealla will, kunnt an Ma vorbei und seit: „Scheallend Se nid a dero Glocko, dia Glocko lütet nit. Scheallend Se an dero Glocke döt, die lütet.“ Gseit isch to. Dr Beattler scheallet a dr andere Glocko, s Feanschtr got uf und a Frou seit: „Was wend Sie?“ Dr Beattler anwortet: „Jo luegend Se mi doch a – i hon scho drü Täg nix meh geassa“, uf des die Frou moant: „Sie müend sich halt zwinga!“

Willi Amann

DVD VI, 3

S kunnt im Hafà àn Bäàttler an à Huus. Wo er grad an dà Schällà schällà will, kunnt àn Maa dòhär ànd sait zuà nàm: „Schäàlled Se idd an säller Schäàllà, sälle Schäàllà schäàlled idd. Schäàlled Se a dà oinà Schäàllà, selle Schäàllà schälled.“ Gsait un duà. Dà Bäattler schäàllet a säàller Schällà, à Fenschdàr gòhd off und à Wiib fròged: „Wa wend Se?“ Dò moint dà Bäattler: „Jò luàged Se me à Mòl aa – i hòn scho drei Däg niàz me gäàssà.“ Dò moint des Wiib: „Nò mònd Se se halt zwingà!“

Ulrike Felder-Rhein

DVD VI, 4

In Friedrichshafen kimt a Bettler an a Haus, wia er grad an de Glockn leitn möcht, kimt a Mo vorbei und sagt eahm: „Leitns net an derer Glockn, die Glockn leit net. Leitns an der andern Glockn, die Glockn leit.“ Gsagt, getan. Da Bettler leit an der andern Glockn. A Fenster geht auf und a Frau frogt: „Was mechtens?“ Da antwort dr Bettler: „Ja schaugns mi doch o. I hob seit drei Tog nix mehr gessn.“ Drauf moant de Frau: „Na miassns Eahna hoid zwinga.“

Susann Ganzert

DVD VI, 5

In Friedrichshafen kommt een Bettler an een Haus. Als er grad klingeln will, läuft een andrer Mann vorbei und sacht: „Bimmeln Se nich an diese Klingel. Die bimmelt nich, nehm Se jene Bimmel, die bimmelt." Jesacht – jetan. Der Bettler drückt uff den andren Klingelknopp, een Fenster jeht uff und ne Frau fracht: „Wat wolln Se?" Der Bettler antwortet: „Liebe Frau, kieken Se mir doch an – ick hab seit drei Taje nischt mehr jejessen." Und wat sacht die Frau? „Se müssen sich eben zwingen."

Adelheid Sauter

DVD VI, 6

Äs kummd nai Friedrichshofn an Beddlär annän Haus. Wie är fai grod annär Glingl läudn mooch, kummd an Moo vorbai un sächd zo nem: „Loid fai nedd an deär Glingl, die Glingl do loid nedd, loid an deär Glingl do dordn, die Glingl do dordn loid!" Gsächd – gedoo. Deä Beddlär loid an deär Glingl dordn, an Fensder gehd aaf unn a Fraa frochd: „Was wulln Sie?" Do sächd dear Beddlär: „Jo, gugg mich doch oon – ich hob said dra Dooch nix meär gessn", dodraaf maand die Fraa: „Sie müssn sich hald zwinga!"

Astrid Plavec

DVD VI, 7

In Friedrichshaafe iss amal en Beddler an e Haus komme. Als e grad klingele will, kemmt en Mann vebei un säät zu em: „Klingele Se net an dääre Klingel, dei Klingel giht net, klingele Se an de Klingel da driwwe. Dei Klingel giht." Gesaht, gedah. De Beddler klingelt an de anner Klingel, a Finster giht uff un a Fraa fraascht: „Ei, was wolle Sei dann?" Da säht de Beddler: „Ei, gugge Se misch doch aa. Isch hab schon seid drei Daach nix mi gässe." Da säht die Fraa: „Ei, da misse Se sisch halt zwinge."

Sönke Wittnebel

DVD VI, 8

Een Monarch kümmt no Friedrichshafen an een Hus. As he just an de Bimmel bimmeln wull, kümmt een Mann vorbi und seggt to emm: „Bimmeln se nicht an düsse Bimmel, düsse Bimmel bimmelt nicht – bimmeln Se an düsse Bimmel, düsse Bimmel bimmelt!" So hett he dat mokt! De Monarch bimmelt an düsse Bimmel. Just in den Moment geit een Fenster op und een Fru frogt emm: „Watt wulln Se dor?" De Monarch antert ehr: „Jo kiek me doch an – bilütten von dree Dog häbb ich nix mehr eeten", dorop seggt de Frau to emm: „Mien beste Mann, denn möt Se sick dorto twingen!"

Dr. Martin Freitag

DVD VI, 9

S kommt in Friedrichshafen n Bettler an n Haus. Alsser graade anner Klingel klingeln will, kommt n Mann vorbei unn saacht zu ihm: „Klingeln Se nich an disser Klingel, disse Klingel klingelt nich, klingeln Se anner annern Klingel, die klingelt!“ Jesaacht – jetaan. Dor Bettler klingelt anner annern Klingel, n Fenster jeht uff unne Frau fraacht: „Was wolln Senn?“ Da saacht der Bettler: „Ja, kucken Se mich doch an – ich habe seit drei Taachen nüscht mehr jejessen“, und die Frau meint: „Se müssn sich ebent zwingen!“

Edith Scherer

DVD VI, 10

Ett kömmt en Friedrichshafen e Pracher an e Hus. Wie he grods an e Klinger bimmeln wöll, kömmt e Keerl verbie on secht to emm: „Bimmeln Se nich an dem Glock, de Glock klingert nich, drecke Se mol opp jenne Glock, jenne Glock klingert!“ Jesecht – jedoane, de Pracher klingert an de andere Glock, e Fenster geiht opp on e Frau froagt: „Watt welle Se?“ De seed de Pracher: „Joa, kicke Se mie doch an – eck häw all drei Doag nuscht nich mehr gejäte“, woropp de Fru mehnt: „Se motte sich even bemiehen.“

Dr. Dirk Huhn

DVD VI, 11

In Friedrichshafe kummt e Bäddler on e Haus. Als er grad klingle will, laaft en onnere Monn vorbei und sacht: „Klingeln Se net on dere Klingel, die Klingel klingelt net. Klingeln Se on de onnere Klingel, die klingelt.“ Gesacht, gedo. De Bäddler drickt uff de onnere Klingelknopp, e Fänschder geht uff un e Fraa frocht: „Was wolln Se?“ De Bäddler ondworded: „Liewie Fraa, guckn Se mich doch mol o – ich hab seid drei Dag nix meer gesse.“ Un was sacht die Fraa? „Sie misse sich halt zwinge.“

Dr. Burkard Langenfeld

DVD VI, 12

Do kütt em Friedrichshafen ene Beddler an e Hus. Wie hä jrad schelle will, do kütt ene Mann vörbee un sät: „Schellt mar net an die Schell, die Schell deet et net. Schellt mar liever an die angere Schell, die deet et.“ Dat deet da Beddler dann ooch. Wie hä an die angere Schell schellt, jeht dat Finster op un en Frau fräht: „Wat wills du dann he?“ Do sät dä Beddeler: „Lev Frau, nu kick mich doch bloß ens aan – ech han all dree Dag nix me jejäte.“ Do sät doch die Frau für dä ärme Kääl: „Jo leve Mann, do moss de dech äves twenge!“

Peter Langer

DVD VI, 13

In Friedrichshafen läfft e Battler an en Haus vorbei un will an dr arschtbesten Klingel klingeln. In dan Moment kimmt e annerer Maa dr Stroß lang geloffen un sieht dos. Er sogt ze dan Battelmaa: „An dare Klingel brauchn Se fei net ze klingeln, die gieht net. Tue Se när an der annern Klingel klingeln, die gieht." Gesoocht, getaa! Noch bein Draufdrücken uf dr Klingel wird ieber dr Hausttür e Fanster aufgemacht un ne Fraa guckt raus. Die frogt dan Klingelbenutzer nach seinem Begehren. Dar Battler soocht: „Gute Fraa, gucken Se miech när mal aa, iech hob seit drei Togn nischt mehr gegassen." Dodrauf sogt die Fraa: „Dos tut mir aber leid, do missen Se sich aabn drzu zwinge."

Hedwig Draxinger

DVD VI, 14

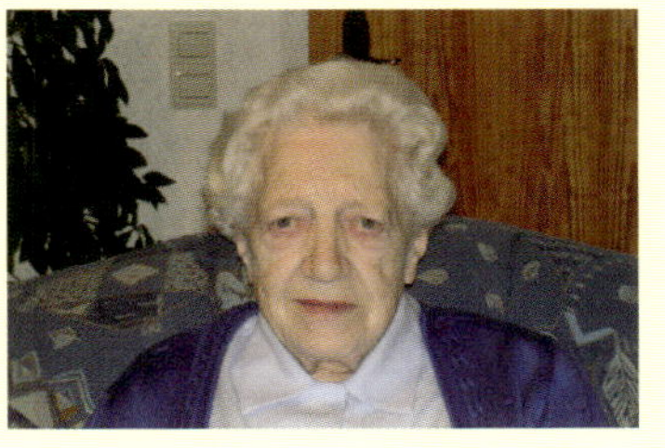

S kemmt ei Friedrichshafn a Bettler oan a Haus. Wie a groad oan der Klingl laita will, kemmt a Moa verbei on sät zunem: „Laita Se ni oan dar Klingl, die Klingl gieht ni. Laita Se oan dar Klingl dat. Die Klingl gieht." Gesoat – getoon. Dar Bettler lait oan dar Klingl, a Fanster gieht uuf on äne Frau freet: „Woas wälla Sie?" Do sät der Bettler: „Joa, sahn Se miech doach oa. Iech hoa seit drei Taga nischt mehr gassa." Do määnt die Frau: „Do missa Se sich halt zwenga!"

Margarita Kaufmann

DVD VI, 15

S isch amol an Bettlr an a Haus en Friedrichshafa gkomme. Als er grad hat leite welle, isch an Mao vorbeikomma ond hot zu ihm gsagt: „An därre Glock brauchet Se et leite, weil dia leitet gar etta. Leitet Se an därre Glock, dia leitet." So wia er s gsagt hoat, hoat er s gmacht ond hat an därre andere Glock gleitet. Auf oimal goaht da a Fenschtr auf ond a Frau guckt raus ond froagt: „Wa wellet Sia?" Doa seit der Bettlr: „Ha etzt gucket Se mi doch a, I han seit drei Dag nix gessa." On noa hat die Frau gmoint: „Ha mai, no misset Se sich halt zwenga!"

Julia Rüsing

DVD VI, 16

Et kommt in Frriedrichshafen ain Bettla an ain Ha-us rran. Ea is grrade anne Glocke am Loiten drran, da kütt ain Mann bai ihn bai und sacht ihn: „Loiten Se nich an disse Glocke, disse Glocke loitet nich, woll, loiten Se an disse Glocke da, disse Glocke loitet, woll!" Gesaacht – getan. Dea Bettla macht sich an et Loiten an disse Glocke da rran, ain Fensta geht a-uf un aine Frra-u frracht: „Wat wolln Se denn?" Da sacht sie dea Bettla: „Hömma – ik hev sait drrei Tache nix gegesse, ne". Da sacht ihn die Frra-u: „Da müüssen Se sich a-uch ain bisken to twingen!"

Jutta Dickmanns

DVD VI, 17

Ein Bettler kommt an ein Haus in Friedrichshafen. Als er gerade klingeln will, kommt ein Mann vorbei und sagt zu ihm: „Klingeln Sie nicht an dieser Klingel, diese Klingel klingelt nicht, klingeln Sie an der anderen Klingel, die klingelt!“ Gesagt – getan. Der Bettler klingelt an der anderen Klingel, ein Fenster geht auf und eine Frau fragt: „Was wollen Sie?“ Da antwortet der Bettler: „ Ja, sehen Sie mich doch an – ich habe seit drei Tagen nichts mehr gegessen“, worauf die Frau meint: „Sie müssen sich eben zwingen!“

Ekatharina Netz

DVD VI, 18

Es kommt in Friedrichshafen ein Pheddelmann in ahn Haus. Als er grad an der Klingel klingelen will, khommt ein Mann vorbei und sagt ehm: „Klingele Sie nit an dieser Klingel, die Klingel klingelt nischt, klingelen Sie an da andere Klingel, dajenige Klingel klingelt!“ Gesagt – gemacht. Der Pheddelmann klingelt an jeniger Klingel, ein Fenster macht sisch auf un o Fra fragt: „Was wolln Sie?“ Da sagt der Pheddelmann: „Ja, kucken Sie misch doch an – isch hab schon drei Tage kar nix mehr gegessen“, auf das die Fra mahnt: „Sie mussen sisch doch zwingen!“

Stefan Müller

DVD VI, 19

S kummt i Friedrichshafen a Petler an a Haus. Als er grad an dr Klingl laiten will, kummt a Mann daher und sagt zu ihm: „Laitns nit an der Klingl, die lait nit, laitens an dera Klingl, die Klingl lait!“ Gsagt, getan. Der Petler laitet an dera Klingl, a Fenster geht auf und a Frau fragt: „Was wollens?“ Da sagt der Petler: „Schauns mich doch on – ich hab seit drei Tach niks mehr gessn.“ Drauf mant die Frau: „Sie missn sich halt zwinga!“

Michael Gierlich

DVD VI, 20

Et kit oin Badler en Friedrichshafen un oin Hais. Woi hi glott un der Klingel klingeln weal, kit oin Möun verboi und seut zea ehm: „Klingeln Soi net un dieser Klingel, dies Klingel klingelt net, klingeln Soi un diar eunderer Klingel, doi klingelt.“ Geseut – gemeucht. Der Badler klingelt un diar Klingel, et goit oin Fienster of, uch en Fräu frecht: „Wot weallen Soi?“ Der Badler euntwert: „Sauhen Soi miech doch un – iech hun seinch drei Douch nester moi geisen“, drof infert dä Fräu: „Dreun miessen Sä sich even zwoinen!“

Die deutschsprachigen Dialekte in ihrer geographischen Ausbreitung vor 1939

Auf der Karte nicht eingezeichnet sind deutsche Sprachinseln in fremdsprachigem Gebiet, wie z. B.

– Russlanddeutsche
– Banater Schwaben
– Donauschwaben
– Siebenbürger Schwaben

Auflösung des Dialekträtsels:

Heidi Wieland

Schweizerdeutsch („Züritütsch")

Geboren 1951 in Winterthur, danach zog die Familie nach Kreuzlingen. Ich verbrachte also meine Kindheit und Schulzeit in der Schweiz. Sprachlich aufwachsen heißt in diesem Fall, es wird überall Dialekt gesprochen, auch in der Schule, außer im Fach „Deutsch", da sagte der Lehrer zu den Schülern, wenn sie ins gewohnte Schweizerdeutsch wechselten: „Ich verstehe nichts!" (mit dem bekannten Kratzlaut). Ich habe meinen Mann in Konstanz kennengelernt, wir haben dann drei Jahre in Berlin gelebt, wo wir auch heirateten. Danach ging es zurück an den Bodensee. Wir haben mit den drei Söhnen immer Dialekt gesprochen. Wenn sie wollten, könnten sie es auch. Ich habe das Seealemannische schnell angenommen und bin auch Vorsitzende der Regionalgruppe Seealemannen bei der Muettersproch-Gsellschaft. Seit 1995 bin ich beim Kulturamt im Landratsamt Bodenseekreis als Sachbearbeiterin beschäftigt.

Evelin Martin

Vorarlbergisch

Geboren 1964 im österreichischen Alberschwende (Bregenzerwald), gelebt bis 1987 in Bregenz. 1987 nach Mainz übersiedelt und geheiratet, nach Beendigung des Studiums in Mainz 1993 aus Heimweh nach See und Bergen zurück nach Friedrichshafen übersiedelt. Meine beiden Söhne wurden im Dialekt erzogen, aber durch Kindergarten und Spielkameraden in Mainz konnte sich der mütterliche Dialekt leider nicht durchsetzen. Vater spricht Rhein-Hessisch, beide Kinder sprechen Hochdeutsch, können mich aber – Gott sei Dank – im Dialekt auch verstehen. Wir pflegen den Vorarlberger Dialekt, Schwäbisch haben wir alle noch nicht angenommen.

Willi Amann

Seealemannisch

Ich, Willi Amann, wurde 1941 als zweiter Sohn der Familie Amann in Friedrichshafen, Mudra-Straße 3, heute Max-Eyth-Straße 3, geboren. Meine Mutter, Pauline Amann, geb. Katzenmeier, stammte aus einer alteingesessenen Familie von Ailingen-Wiggenhausen. Mein Vater, Karl Amann, war gebürtig aus Oberteuringen, dessen Vater stammte aus Urnau. Ich besuchte ab dem sechsten Lebensjahr zwei Jahre die Volksschule in Friedrichshafen-Jettenhausen. Klasse drei bis neun absolvierte ich an der Pestalozzischule in Friedrichshafen. Im April 1956 begann ich bei der Firma Zahnradfabrik in Friedrichshafen eine Werkzeugmacherlehre, die ich im Oktober 1959 erfolgreich abschloss. Im Januar 1960 wechselte ich von der Firma ZF zur damaligen Firma Maybach und arbeitete dort bis zu meinem Ruhestand im Jahre 2001. Ich selbst spreche ausgeprägtes Bodenseealemannisch, aber auch hin und wieder Stadtschwäbisch, meine Frau spricht Stadtschwäbisch, meine Kinder ebenfalls, sie kennen aber auch das Seealemannische.

Ulrike Felder-Rhein

Bairisch

Wenn ich am Schreibtisch sitze, habe ich den See und den Säntis vor Augen. Manchmal träume ich schon im Sommer von der Skitour im Winter. Aber ansonsten mache ich leidenschaftlich Radio, leite mit Begeisterung das SWR-Regionalbüro in Friedrichshafen. Was mich am Radiomachen fasziniert, ist die Begegnung mit den Menschen. Wir sind nah am Hörer und haben ein Ohr für die Geschichten in der Region. Die Liebe hat mich als echtes Münchner Kindl Ende der 80er Jahre nach Oberschwaben gelockt. Mit Mann und drei Kindern, zwei Pferden, zwei Katzen und einem Hund zwischen Bauernhöfen, Apfelbäumen und Rapsfeldern fühle ich mich sauwohl. Allerdings bin ich und bleibe ich auch ein Stadtkind. Und deshalb brauche ich auch die Stadtluft in Friedrichshafen und Ravensburg. Meine Kinder fühlen sich in der Gemeinde Berg bei Ravensburg zu Hause und sprechen auch schwäbischen Dialekt, den ich immer besser verstehe.

Susann Ganzert

Berlinerisch

Geboren 1962 in Berlin-Köpenick, also im Ostteil der Stadt und ganz in der Nähe des Müggelsees. Bis zum Umzug 1993 nach Friedrichshafen in verschiedenen Berliner Stadtteilen gelebt, gelernt, studiert und gearbeitet. Verheiratet mit einem „Rucksack"-Berliner, der aus Potsdam in die Hauptstadt zog und das eher brandenburgerische Berlinerisch spricht. Unsere in Berlin geborene Tochter war sechs Jahre alt, als wir an den See zogen. Sie spricht Hochdeutsch und je nach Aufenthaltsort beziehungsweise Gesprächspartner „färbt" sich ihre Sprache berlinerisch oder schwäbisch. Letzteres möchte und werde ich wohl nie lernen.

Adelheid Sauter

Fränkisch

Geboren 1942 in Bamberg als achtes von neun Kindern. Nach katholischer Volksschule Besuch des humanistischen Gymnasiums bis zur Mittleren Reife. Internat in München zum Besuch einer dreijährigen Fachschule mit dem Berufsziel „Gewerbelehrerin für das Schneidergewerbe". Dort lernte ich meinen späteren Mann Dr. Ulrich Sauter kennen. Lehrjahr in einer Kleiderfabrik mit abschließender Gesellenprüfung. 1963 Heirat und Umzug in die Heimat meines Mannes nach Friedrichshafen. Mutter von sechs Kindern, die überwiegend Hochdeutsch sprechen. Großmutter von elf Enkelkindern.

Astrid Plavec

Hessisch

Geboren 1952 als Astrid Kopp in Friedberg (Hessen). 1959 bis 1963 Grundschule in Ober-Rosbach; 1963 bis 1971 Schillerschule Friedberg (Mädchengymnasium); 1971 Abitur; 1971 bis 1977 Studium in Frankfurt/Main und Grenoble (Französisch, Politik und Pädagogik); 1977 Erstes Staatsexamen für das Lehramt am Gymnasium; 1978 bis 1979 Referendariat am Montfort-Gymnasium Tettnang und am Gymnasium Überlingen; 1979 Zweites Staatsexamen; 1979 bis 1982 Lehrerin am Gymnasium Aulendorf; seit 1982 Lehrerin am Karl-Maybach-Gymnasium Friedrichshafen. Mein Ehemann stammt aus Wiener Neustadt und spricht niederösterreichischen Dialekt. Unser Sohn spricht überwiegend Hochdeutsch.

Sönke Wittnebel

Norddeutsches Platt

Geboren 1958 in Neumünster, aufgewachsen in Nortorf, das im geografischen Mittelpunkt Schleswig Holsteins gelegen ist. In der Kindheit war Hochdeutsch, das aber durch Redewendungen und Klangfarben durch das Plattdeutsche beeinflusst ist, unsere Umgangssprache. Vor allem durch meine Großeltern hörte ich aber oft das Plattdeutsch, das ich auch selber immer wieder gebrauchte. Meine Mutter, die vor allem noch mit dem Plattdeutschen aufgewachsen ist, redete auch häufiger im Platt zu uns drei Brüdern, interessanter Weise vor allem dann, wenn sie „emotional engagiert" war. In der Schule wurde ebenfalls das „geplättete" Hochdeutsch gesprochen. Da ich mich in der Familie nicht eben zu Hause fühlte, orientierte ich mich an anderen Menschen, die – sprachlich gesehen – noch eher zum Hochdeutschen tendierten. Mein älterer Bruder hingegen hat bis heute einen stärkeren Akzent behalten, wohingegen mein jüngerer Bruder ein ähnliches Hochdeutsch spricht wie ich. Durch das Theologie- bzw. Musikstudium in Heidelberg wurde mein Interesse an Dialekten angefacht. Gern höre ich beispielweise noch heute das Kurpfälzische, weil ich mich in Heidelberg und Mannheim wohl gefühlt habe. In Heidelberg lernte ich auch meine Frau kennen, durch sie und ihre Familie kann ich nach und nach auch das Schwäbische immer mehr kennen lernen. Eine der Gründe, mich ins Württembergische Friedrichshafen zu bewerben, war dann auch meine Frau.

Es ist immer wieder interessant, in Gesprächen, zum Beispiel auch Telefonaten, mit Sängern oder anderen Musikern herauszuhören, aus welcher Gegend ein Mensch stammt oder in welchen Gegenden er gelebt hat.

Dr. Martin Freitag

Ostfälisch (nordharzischer / magdeburgischer Dialekt)

Geboren 1954 in der Kleinstadt Quedlinburg am nordöstlichen Rand des Harzes, aufgewachsen in Ditfurt, einem typischen niedersächsischen Haufendorf unweit von Quedlinburg. In Ditfurt können die Älteren noch „platt sprähken" [platt sprechen] und der dortige Heimatverein pflegt auch die Erhaltung dieses Dialektes. Ich selbst kann ausgeprägtes Platt zwar verstehen, aber nicht authentisch sprechen. Mein Vater stammt aus den Nähe von Breslau und bei seinen Eltern drang der schlesische Dialekt noch durch (Redewendungen wie „Giffok ha!" [Gib mal her!] waren typisch). Meine Mutter als geborene Ditfurterin sprach Platt, wenn sie auf Platt angesprochen wurde. Zu Hause sprachen wir jedoch Hochdeutsch. Mit 18 Jahren ging ich zum Maschinenbau-Studium nach Magdeburg. Der originale Magdeburger Dialekt hat sich am ausgeprägtesten in den Arbeiter-Mietskasernen der Stadtteile Buckau und Sudenburg erhalten. Diese Gebiete wurden vom Bombardement 1945 weit weniger zerstört als das Stadtzentrum, weswegen sich wahrscheinlich auch die Zusammensetzung der Bevölkerung weniger verändert hat und der Dialekt erhalten blieb. „Magdeburgisch" ist gekennzeichnet durch die variantenreiche Aussprache des Buchstaben „G" zum Beispiel im Wort „Vogelgesang" (eine Magdeburger Kleingartensparte), dass sich etwa wie „Voocheljesanck" anhört. In meiner Familie in Magdeburg haben wir auch Hochdeutsch gesprochen, so dass ich meine, dialektfreies Hochdeutsch sprechen zu können, was aber wohl nicht ganz stimmt. Seit 1990 wohnen wir in Friedrichshafen und hatten mit dem Schwäbischen so unsere Schwierigkeiten, weil wir es als Fremdsprache erst erlernen mussten. Von unseren Kindern hat keines den hiesigen Dialekt angenommen, auch meine Frau und ich bemühen uns weiterhin, so gut es geht, Hochdeutsch zu sprechen. Einige praktische, sehr flexibel anwendbare Worte wie „Plaschtich-Guggel“ oder „Böbbel“ und „anbeppen“ habe ich in meinen Wortschatz übernommen; das „heben“ für „halten“ und „Mittag“ für eigentlich den „Nachmittag“ irritiert mich bis heute.

Edith Scherer

Ostpreußisch

Geboren 1927 als Edith Legien in Königsberg. Am 28. Januar 1945: Flucht aus Königsberg, das bereits unter Artilleriebeschuss der Roten Armee stand, bei Nacht nach Pillau. Am 29. Januar 1945: Glücklicherweise mit dem Flüchtlingsschiff „Wilhelm Gustloff“ wegen Überfüllung nicht mehr mitgekommen, da es wenige Stunden später von einem russischen U-Boot versenkt wurde.

9000 Menschen kamen dabei ums Leben. Februar 1945: Ankunft in Tuttlingen: Aufnahme einer Tätigkeit in der Heereszahnstation, meine Schwester bekam eine Anstellung bei der Kreisamtsleitung. April 1945: durch Auslagerung der Kreisamtsleitung weiter nach Meckenbeuren. Mai 1945 Kriegsende – was nun? Der größte Wunsch: Irgendeine Tätigkeit, Hauptsache Arbeit und Brot.

Im Juli 1945 Möglichkeit in einer Dentisten-Praxis, gleichzeitig Mädchen für alles, also genügend Arbeit – aber wenig Brot. Ab Juli 1946 eine sehr erfreuliche Änderung. Aus der Gefangenschaft entlassen, ließ sich in Meckenbeuren ein Arzt für Zahn- und Kieferkrankheiten nieder, bei welchem ich über sechs Jahre ein lehrreiches und angenehmes Arbeitsfeld hatte.

1955 bis 1969 Kasse und Büro bei Scala- und Rex-Filmtheater. Es war die Blütezeit der Filmtheater. Damals waren die Kinobetriebe zugleich kleine Theater mit Veranstaltungen späterer Größen von Musik und Schaubühnen. 1970 zur Deutschen Bank Friedrichshafen bis zu meiner Pensionierung.

Nun bin ich zur Großmutter herangereift. Doch immer noch sehr heimatverbunden durch die Landsmannschaft Ostpreußen in Ravensburg. 2006 möchte ich die geliebte Heimatstadt Königsberg Pr. nochmals aufsuchen. Auf dem Land, wo einst der elterliche Hof stand, ist jetzt außer meterhohem Gestrüpp ein totales Nichts. Was ich fand, ein Stückchen Dachziegel, jetzt aufbewahrt in einer kleinen Schatulle mit dem Spruch: *„Eine Hand voll Heimaterde, die mir vom Land der Väter blieb. Doch so lang ich leben werde, tief im Herzen bleibt die Lieb'.“*

Fazit: Nie wieder Krieg!!!

Dr. Dirk Huhn

Pfälzisch

Geboren 1968 in Hanau (Hessen), nach diversen Aufenthalten in diversen Bundesländern 1987 umgezogen nach Neustadt an der Weinstraße in die Vorderpfalz. Dem Abitur 1989 folgte der Grundwehrdienst in Germersheim und darauf das Studium an der TU Kaiserslautern bis 1996. Von 1996 bis Juli 2000 war ich als wissenschaftlicher Mitarbeiter am Lehrstuhl für Strömungs- und Verdrängermaschinen an der

TU Kaiserslautern tätig. Daran schließt sich bis heute die Tätigkeit als Entwicklungsingenieur in der ZF an. Ich bin der Meinung, dass ich nach wie vor überwiegend Hochdeutsch spreche, obwohl die Zeit in der Pfalz und auch im Schwabenland den einen oder anderen Dialektausdruck mit sich gebracht hat. Meine Frau ist Pfälzerin und spricht in der alten Heimat den Dialekt ganz leicht. Hier in Friedrichshafen ist es eher Hochdeutsch. Unsere Kinder, vier und zwei Jahre alt, sind hier aufgewachsen und nehmen dadurch den einen oder anderen Dialektausdruck in ihren Wortschatz auf.

Dr. Burkard Langenfeld

Rheinländisch

Geboren 1951 in Korschenbroich, Kreis Neuss, aufgewachsen in Rheydt-Odenkirchen, heute Stadtteil von Mönchengladbach. Dort Grundschule und humanistischer Zweig des Gymnasiums Odenkirchen, Abitur 1970; 1970 bis 1971 Studium Geneeskunde Rijksuniversität Gent; 1971 bis 1976 Studium Zahnmedizin Universität Tübingen; 1976 Staatsexamen, 1977 Promotion; 1977 bis 1981 Assistent Reutlingen, Universitäten Marburg, Ulm; 1981 Niederlassung Friedrichshafen; 1983 – 1990 Lehrauftrag Universität Marburg. Lebe in der Illusion, Hochdeutsch zu sprechen, bin aber objektiv sprachlich der Landschaft, die ich auch als Heimat bezeichnen kann, angepasst, zumindest soweit, dass ich bei Besuchen im Rheinland nicht ohne Befremden gefragt werde: „Wat schwäbels du dann?“ Erstaunlicherweise sprechen meine drei Töchter hochdeutscher als ich, was damit zusammenhängen mag, dass mit den vielen „Dornianern“ auch die Frauen nach Immenstaad kamen, die als Lehrpersonal der Grundschule Wert auf Hochdeutsch als erste Sprache legten.

Peter Langer

Sächsisch

Mein Name ist Peter Langer und ich wurde 1955 in Annaberg-Buchholz (Sachsen, Erzgebirge) geboren. Gemeinsam mit fünf Schwestern und einem Bruder wuchs ich in einem christlichen Elternhaus auf. Mit 14 Jahren erlernte ich den Beruf des Dachdeckers, den ich 13 Jahre ausübte. 1977 heiratete ich meine Frau Ute. Im Oktober 1978 wurde die erste Tochter – Anja – geboren. Von Mai 1979 bis Oktober 1980 absolvierte ich den Wehrdienst bei der NVA (Nationale Volksarmee) der DDR.

Im Mai 1983 kam die zweite Tochter – Sabine – zur Welt. 1984 wechselte ich vom Beruf des Dachdeckers zum Beruf des Bergmanns (unter Tage arbeitete ich im Zinnerzbergwerk Ehrenfriedersdorf als Rollenzieher). Im April 1984 stellten meine Frau und ich einen offiziellen Antrag zur Ausreise aus der DDR. Im November 1984 wurden meine Frau und ich in die Untersuchungshaftanstalt „Kaßberg“ nach Karl-Marx-Stadt gebracht. Nach wochenlangen Ermittlungen und Verhören wurden wir beide im Februar 1985 angeklagt (§ 219 StGb der DDR – ungesetzliche Verbindungsaufnahme) und verurteilt. Das Strafmaß betrug bei mir zwei Jahre und bei meiner Frau eineinhalb Jahre Freiheitsentzug. Am 11. September 1985 wurden wir direkt aus der Abschiebehaft Karl-Marx-Stadt in das Notaufnahmelager Gießen entlassen. Als politische Häftlinge konnte das auf Grund der Häftlingsfreikäufe gelingen.

Seit September 1985 leben wir in Friedrichshafen. Am 11. November 1985 konnten wir in Bamberg im Zug nach einem Jahr Trennung unsere beiden Kinder Anja und Sabine wieder in die Arme nehmen.

Im Januar 1986 bekam ich in der MTU Friedrichshafen eine Arbeit als Galvaniseur. Heute bin ich in der Abteilung Gelenkwelle der MTU Friedrichshafen beschäftigt. Nachdem die beiden Kinder erwachsen sind und das Haus verlassen haben, wohnen meine Frau und ich noch immer gern in Friedrichshafen im Fuchsweg 20.

Die Wurzeln ins Erzgebirge bestehen und werden gepflegt. Privat organisierten und organisieren meine Frau und ich mit großem Erfolg Reisen ins adventliche Erzgebirge.

Hedwig Draxinger

Schlesisch

Geboren 1923 als Hedwig Buchmann, dritte von sechs Töchtern, in Sörgsdorf bei Jauernig, Kreis Freiwaldau, Bezirk Mährisch Schönberg, Tschechoslowakische Republik (CSSR), heute Uhelna/Javornik/Jesenik/Sumperk/Tschechische Republik. Mein Heimatort lag am Nordrand der CSR, ca. 100 Kilometer südlich von Breslau, vier Kilometer von der Grenze zum damaligen Deutschen Reich (zum heutigen Polen) entfernt. Wir waren Schlesier und unsere Deutschsprachigkeit ein Relikt aus der Zeit der österreichischen Kaiserin Maria Theresia, die Schlesien an den Preußenkönig Friedrich II. verloren hatte und klagte: „Den Garten hat er mir genommen, den Zaun hat er mir gelassen." In meinem Ort mit ca. 1300 Einwohnern wurde nur Deutsch gesprochen, notgedrungen auch von den vier ansässigen tschechischen Familien, deren Kinder dann auch Deutsche heirateten. Ortsverwaltung, Kirche, Schule, Post: alles war rein deutschsprachig. Tschechisch musste nur lernen, wer in Jauernig die Bürgerschule, also das Gymnasium, besuchte.

Zu Beginn des Krieges gegen Polen besetzten deutsche Soldaten Grenzposten und wichtige Ämter in den Grenzorten, und die Bevölkerung sah sich zunehmend unter dem Druck von Mitgliedern der Henlein-Partei und einer entstehenden SA. Schließlich wurde der Ort „heim ins Reich" geholt. Zu Ende des 2. Weltkrieges besetzten Russen kurzfristig den Ort, dann übernahmen Tschechen die Verwaltung.

Ich wurde mit vielen anderen zur Zwangsarbeit in die Gegend von Brünn geschickt. Auf russische Intervention hin wurden die Familien wieder zusammengeführt. Doch damit begann die Vertreibung. Meine Familie wurde zunächst in die Gegend von Berchtesgaden deportiert, dann weiter nach Lindau/Bodensee und schließlich nach Heimenkirch/Allgäu geschickt. Zwei meiner Schwestern blieben dort, zwei weitere Schwestern heirateten in die Gegend von Krefeld bzw. Osnabrück und eine ließ sich wie ich in Friedrichshafen nieder. Alle nahmen weitgehend den dortigen Dialekt an. Mein Mann war aus dem Bayrischen Wald und behielt seinen Dialekt während der 47 Jahre, die er in Friedrichshafen lebte, bei, ohne ein Wort aus dem Schwäbischen zu übernehmen. Ich selbst übernahm eine Reihe Wörter aus dem Bairischen, wenige Wörter aus dem Schwäbischen und veränderte meine Sprache ansonsten gegenüber Fremden eher leicht in Richtung Hochdeutsch. Unsere Kinder lernten zu Hause eine Mischung aus überwiegend Schlesisch und wenig Bairisch, die bis heute bei uns gesprochen wird, wenn wir unter uns sind. Außerhalb des Hauses war für sie natürlich das Alemannisch in unserem Wohnort Efrizweiler ihre Sprache, später mit schwäbischem Einfluss aus Friedrichshafen.

Meinen Heimatort Sörgsdorf habe ich 1974 (unter kommunistischer Herrschaft) und 2000 (nach der Wende) wiedergesehen. Der Anblick ist trostlos. An einigen Stellen (Kirche, Grabsteine, Wegkreuze) sind noch deutsche Inschriften zu sehen, die alten Gebäude sind verfallen, die dort zwangsweise angesiedelten Menschen verbinden mit dem Ort eine nur 60jährige Geschichte. Wenige Menschen sprechen Deutsch.

Unser Schlesisch ist dabei, auszusterben. Die letzten Überlebenden unserer Gegend treffen sich jährlich abwechselnd in Vaihingen/Enz und Rain am Lech. Im „Jauerniger Heimatbrief" werden noch Geschichten, Daten und Nachrichten (teils auf Schlesisch) veröffentlicht. Wie lange noch?

Margarita Kaufmann

Schwäbisch

Geboren 1955 in Abtsgmünd/Aalen, zur sogenannten Ostalb gehörig. Von dort kommt auch mein Vater (Aalen, sprich Òlà), wo ein offenes, langes und betontes *-a-* den „Vater" charakterisiert. Aufgewachsen bin ich schließlich in Unterhausen/Lichtenstein vor den Toren der ehemals reichsten Stadt Deutschlands, Reutlingen, wo das Honoratiorenschwäbisch gesellschaftsfähig war. Da meine Mutter aber aus Friedrichshafen stammt, kam es schon früh zu einer bunten Mischung. Erste grundlegende Erfahrungen mit Französisch in Frankreich und die Aussage eines Lehrers: Dein Französisch ist besser als dein Deutsch, da hört man das Schwäbische nicht raus.

Am Friedrich-List-Gymnasium in Reutlingen machte ich schließlich mein Abitur und nahm das Studium der Germanistik/Romanistik an der Albrecht-Ludwig-Universität in Freiburg i.B. auf. Meine sprachlichen Erfahrungen im Badischen: Viele Norddeutsche, viele Urbadener aus dem Schwarzwald und anderswo her und der Kommentar der Badener: Sie ist zwar a Schwäbin, aber trotzdem ganz nett. 1979 Assistentin am Gymnasium Le Mans/Frankreich, dem verdanke ich den Schliff im Französischen und die Erfahrung, dass man die schwäbische Herkunft in der Fremdsprache nicht unbedingt hören muss. 1983 dann Referendariat an den Gymnasien Friedrichshafen und Überlingen, schließlich Freie Mitarbeiterin und Volontariat bei der Schwäbischen Zeitung in Friedrichshafen. Hier wurde klar, wer im Hafa zurechtkommen will, sollte des Schwäbischen mächtig sein. So wurde ich 1986 schließlich Redakteurin der Schwäbischen Zeitung Friedrichshafen mit den Ressorts Kultur, Jugend, Schulen, Frauen und Soziales.

Das Fernweh packte mich erneut und so installierte ich mich 1989 als Freie Mitarbeiterin verschiedener deutscher und spanischer Zeitschriften und Tageszeitungen und Hörfunk in Las Palmas/Spanien. Nach einem halben Jahr sprach ich diese schöne Sprache dann so, dass ich mich auf weitere Wege damit wagen konnte. Doch zuerst folgte ein Intermezzo im urschwäbischen Bietigà, sprich Bietigheim-Bissingen, wo ich ab 1990 Leitende Mitarbeiterin der PR-Agentur Brodbeck & Maier wurde. 1991 dann packte ich endgültig meine Koffer oder genauer einen Kontainer und reiste als Auslandsmitarbeiterin der Konrad-Adenauer-Stiftung nach Peru, wo ich nationale und internationale Projekte der Entwicklungszusammenarbeit in Lateinamerika mit Sitz in Lima betreute. Übrigens hatte ein späterer Kollege während der Ausbildungszeit in der Konrad-Adenauer-Stiftung in Sankt Augustin, die auch einen Sprachaufenthalt in Spanien umfasste, einen netten Rat für mich parat: „Also, Ihnen sollte man nicht nur einen Spanischkurs bezahlen.“ Wobei er als Münsteraner natürlich auf mein Schwäbisch abhob. Übrigens war meine schwäbische Sprachherkunft immer wieder Anlass für bissige, zynische oder vielleicht auch einfach blöde Anmerkungen meiner Kollegen im In- und Ausland. Aber irgendwann hatte ich mich daran gewöhnt, zumal meine Fremdsprachenkenntnisse sich schnell als sehr gut herausstellten und ich von den Latinos immer wieder gefragt wurde, aus welcher Region Lateinamerikas ich denn käme. Das war dann durchaus eine frühe Vorwegnahme des baden-württembergischen Slogans: „Mir kennet elles außer Hochdeutsch!“ – also auch Französisch und Spanisch und manche andere Sprache mehr.

1994 wurde ich Landesbeauftragte der KAS in Peru und folgte schließlich 1995 dem Ruf der Vereinten Nationen: Als Leitende Mitarbeiterin im International Programme for Development of Communication der UNESCO mit Sitz in Paris/Frankreich sprach ich ab sofort im regelmäßigen Durcheinander Englisch, Spanisch und Französisch und zu Hause ein „gepflegtes Schwäbisch“. Dass unser Sohn eines Tages ein gepflegtes Schwäbisch „schwätzà möge“, das war der Wunsch, den ihm der deutsche Botschafter in Lima (übrigens ein Breisacher, also badischer Graf) bei der Geburt auf den Weg mitgegeben hat.

Seit Oktober 1999: Bürgermeisterin für Kultur, Sport, Schulen und Soziales der Stadt Friedrichshafen am Bodensee.

Meine Kinder lernten von Anfang an zwei bzw. drei Sprachen, darunter eben das Schwäbische. Als wir im September 1999 nach Friedrichshafen zogen, sagte unser Sohn ganz sorgenvoll zu mir: „Mama, ich muss jetzt Schwäbisch lernen!“ Aber die Sorge konnte ich ihm nehmen, er sprach es schon ganz passabel – wie die Mama halt.

Da mein Mann auch aus Friedrichshafen stammt, seinerseits aber lange Jahre in Hamburg und jetzt in Frankfurt arbeitet, ist es schlicht notwendig, mehrere Idiome zu sprechen. Und zu Hause reden wir, weil wir immer wieder junge Gäste aus verschiedenen Ländern haben, alle uns zur Verfügung stehenden Sprachen im Wechsel, aber die „Heimatsprache“ bleibt das Schwäbische. Und wenn ich nach Oaougadougou ginge…

Julia Rüsing

Westfälisch

Geboren 1973 im badischen Malsch bei Karlsruhe. Sobald ich hier in Friedrichshafen den Mund aufmache, heißt es sofort: „Wo kommsch au du her?“ oder – netter gemeint, aber in derselben Tonlage: „Wie isch des denn, so weit weg von zu Hause zu arbeiten?“ Dabei bin ich in der Nähe von Karlsruhe geboren, und damit eigentlich doch eine Baden-Württembergerin. Und eben doch nicht: wenn der Vater aus Westfalen kommt und die Mutter aus Schlesien, dann ist man eben auch in der zweiten Generation noch „neigschmeckt“ – zumal wenn einem das bisschen Karlsruherisch, das man aufgeschnappt hat, zu Hause so ausgetrieben wird: „Sprich Hochdeutsch, du kommst nicht aus der Gosse!“ „Wenn ich dich so ‚schwätzen‘ höre, dann wird mir schlecht!“ Während alle meine

Klassenkameraden nach Heidelberg oder Freiburg strömten, studierte ich ab 1992 an der Uni Konstanz. Weiter ging es dann mit dem Referendariat in Radolfzell und wieder in Konstanz. Und dann? Dann bekam ich 2001 eine Stelle am Karl-Maybach-Gymnasium in Friedrichshafen. So bin ich jetzt seit 1992 am See – und kann Euch Häfler immer noch mit meinem Westfälisch beglücken!

Jutta Dickmanns

Hochdeutsch

Geboren 1960 in Uslar, das ist in der Nähe von der Universitätsstadt Göttingen. Beides liegt in Südniedersachsen. Meine Eltern und Großeltern haben immer Hochdeutsch, kein Platt gesprochen. Ich bin in Göttingen zur Schule gegangen und habe dort dann an der Universität Geographie, Soziologie und Ethnologie studiert. Dort sprach man ebenfalls Hochdeutsch. Mein Mann, der auch in Göttingen studiert hat und den ich dort kennen gelernt habe, kommt aus Mönchengladbach. Allerdings spricht er kaum rheinischen Dialekt, sondern, so wie ich, Hochdeutsch. Ich habe nach dem Studium in Göttingen als Lehrerin in der Erwachsenenbildung gearbeitet. Ich habe hauptsächlich Deutsch für Spätaussiedler unterrichtet. Unsere Tochter ist in Göttingen geboren. Nachdem sie ein halbes Jahr alt war, sind wir aus beruflichen Gründen meines Mannes erst nach Schleswig-Holstein, dann nach Nordrhein-Westfalen und vor vier Jahren nach Friedrichshafen gezogen.

Während mein Mann und ich hauptsächlich Hochdeutsch sprechen, hat unsere Tochter von jeder Region, wo wir gewohnt haben, sich sprachlich etwas angeeignet, so dass sie von allen Dialekten etwas spricht. Ich finde den schwäbischen Dialekt sehr schön, ich mag ihn gern hören, allerdings glaube ich, dass ich ihn nie wirklich sprechen kann, da er für mich sehr schwer zu lernen ist. Ich unterstütze allerdings die Versuche meiner Tochter und hoffe, dass sie mit der Zeit ein bisschen Schwäbisch sprechen kann.

Ekatharina Netz

Russlanddeutsch

Geboren 1956 als Ekatharina Regel in Tschutschkino/ Russland, 60 Kilometer von Omsk. Eltern beide Deutsche, Ur-Vorfahren waren Schwaben. Mit deutscher Sprache aufgewachsen, Eltern haben nur Deutsch gesprochen. In der Schule musste sie dann Russisch lernen. Russisch war offizielle Sprache, man musste sie in der Schule, im Ort, bei der Ausbildung usw. sprechen.

1963 bis 1974 Mittelschule in Oktjaberskoje (80 Kilometer von Omsk); 1974 bis 1976 Berufsausbildung zur Buchhalterin; 1976 bis 1983 Montagearbeiterin im Radiowerk Omsk, man verdiente dort mehr Geld; 1983 bis 1985 Ki-Ta-Leiterin; 1985 bis 2000 Stukkateur-Malerin. Juli 2000 nach Deutschland, sie wollte zurück ins Vaterland, es gab in Russland zu viele wirtschaftliche Probleme, die Arbeitsstelle war unsicher. Erste Station in der Bundesrepublik: Chemnitz (drei Jahre Pflicht), hier absolvierte sie den Sprachkurs für Aussiedler. Bis 2003 Weiterbildung zur Hauswirtschafterin (Anmerkung: in der Urkunde steht: „Russisch: perfekt in Wort und Schrift"). Keine Arbeit gefunden, deshalb Richtung Westen, Verwandte waren in Friedrichshafen. Hier schöne Wohnung und Arbeit.

Frau Netz hat ihren Dialekt beibehalten, ebenso ihr Mann, von dem auch beide Eltern und die Vorfahren Deutsche waren. Auch der Sohn Anton (10 Jahre) spricht diesen Dialekt (Anmerkung: Frau Netz sagte, ihr Sohn ist „rein deutsch", da war nie „was Russisches dazwischen"). Zu Hause wird manchmal bewusst Russisch gesprochen, damit der Sohn ein bisschen davon lernt.

Stefan Müller

Donauschwäbisch

Geboren 1924 in Homolitz, einem Dorf im Südbanat, Jugoslawien. Nach der Mittleren Reifeprüfung besuchte ich das Technikum. Die Unterrichtssprache war Serbokroatisch mit Deutsch als Fremdsprache. 1941, nach dem Krieg mit Jugoslawien, wurde das Banat unter deutsche Verwaltung gestellt und das Technikum wurde geschlossen. Von der Volksgruppenführung wurde ich mit weiteren sechs Volksdeutschen, mit einer Empfehlung an die Behörden, zum Studium nach München geschickt. Da hier kein Platz an den Schulen war, wurden wir von dem VDA an die Ingenieurschule nach Mittweida in Sachsen vermittelt. Man nannte uns hier „Die 7 Schwaben". Nach dem zweiten Semester des Maschinenbaustudiums bekam ich die Vorladung zur Musterung. Weil wir Volksdeutschen keine deutschen Staatsbürger waren und Hitler das Völkerrecht umgehen wollte, wurde eine sogenannte „7. SS-Freiwilligen-Division ‚Prinz Eugen' " aufgestellt, zu der auch ich eingezogen wurde. Nach der Kapitulation am 8. Mai 1945 kam ich in jugoslawische Kriegsgefangenschaft. Im Oktober 1948 wurde ich aus der Gefangenschaft entlassen, musste aber einen Zwangsarbeitsvertrag für drei Jahre unterschreiben. Zudem wurde uns die jugoslawische Staatsbürgerschaft aufgezwungen. Erst 1953 wurde ich in die Bundesrepublik Deutschland entlassen.

Seit 1955 lebe ich in Friedrichshafen. Bin Schwerkriegsbeschädigter. Bin verheiratet und habe drei Kinder. 1956 gründete ich mit 16 Landsleuten den Ortsverband der Donauschwaben in Friedrichshafen. Seither bin ich – mit einigen Unterbrechungen – deren Vorsitzender.

Meine Kinder verstehen Donauschwäbisch, sprechen aber selbst Häfler Schwäbisch.

Michael Gierlich

Siebenbürger Sächsisch

Geboren 1945 in Großscheuren bei Hermannstadt in Siebenbürgen/Rumänien. Meine Familie war seit Jahrhunderten in Siebenbürgen ansässig. Als Siebenbürger Sachsen hatten wir die rumänische Staatsangehörigkeit, sprachen aber unser Siebenbürger Sächsisch auch im öffentlichen Leben, so in der Schule und in der Kirche. Meine Familie erlitt das gleiche Schicksal wie viele andere Siebenbürger Sachsen in den Kriegswirren des zweiten Weltkrieges und im Kalten Krieg: Mein Vater musste neun Jahre lang in Russland Zwangsarbeit leisten – meine Mutter wurde verschont, weil sie mit mir schwanger war.

Seit 1988 bin ich in Friedrichshafen, meine Tochter und mein Schwiegersohn sprechen auch noch ihr Siebenbürger Sächsisch, meine Enkel, die in Friedrichshafen geboren sind, nicht mehr. Was vergangen ist, ist vergangen!

VII. Von einer Untersuchung über die Dialektverhältnisse in Friedrichshafen

1. Teil: Wià sich n Lehrer und seine Schiàler am KMG über dr Dialekt im Hafà schlau gmacht hond

Das hier vorliegende Buch baut auf den Ergebnissen eines Seminarkurses am Karl-Maybach-Gymnasium[1] im Schuljahr 2004/2005 auf.

Das selbst gewählte Thema „Mundartforschung" sollte dazu dienen, die Dialektverhältnisse in Friedrichshafen zu untersuchen. Friedrichshafen als Untersuchungsort bot sich gerade deshalb an, weil in unserer Stadt – im Gegensatz zu vielen anderen Gemeinden im Land – noch keine umfassenden Ergebnisse vorlagen, also „Pionierarbeit" geleistet werden konnte.

Elf Schülerinnen und Schüler wählten den Kurs trotz der Tatsache, dass die Sitzungen am Freitagnachmittag stattfanden, zu einer Zeit, als alle anderen[2] sich bereits schon im Wochenende befanden. Von diesen elf Seminarkursteilnehmern schwätzten die wenigsten Schwäbisch oder Alemannisch, die meisten waren mit der süddeutschen Variante des Hochdeutschen sprachlich sozialisiert.

Im Laufe des Schuljahres machten wir uns bei verschiedenen Institutionen, wie z. B. im Friedrichshafener Stadtarchiv, im Mundartarchiv Bad Schussenried und an der Universität Tübingen bei Prof. em. Dr. Hermann Bausinger, kundig, was es mit dem Hochdeutschen und seinen gleichberechtigten dialektalen Nebenformen auf sich hat. Auch luden wir Dr. Gerhard Raff zu uns in den Kurs ein und informierten uns aus erster Quelle bei ihm als Landeshistoriker, Schriftsteller und „Benefizschwätzer von Degerloch" über die Historie des Schwabenlandes. Nebenbei besuchten wir Kabarettabende des Maulart-Kabaretts oder von Albin Braig und Karlheinz Hartmann als „Hannes und der Bürgermeister". Letztere gaben uns in einem Interview Einblick in ihre Sicht der schwäbischen Seele.

Nach einer gründlichen Phase des Theorieerwerbs arbeiteten wir eine Umfrage aus, die wir zuerst am Karl-Maybach-Gymnasium und dann in der ganzen Stadt durchführten. Die Ergebnisse dieser intensiven Beschäftigung mit den hiesigen Dialekten präsentierte der Kurs am 8. Juni 2005 in einer insgesamt vier Stunden dauernden Veranstaltung „Mir kenned alles – Schwoaba im Hafa" der Öffentlichkeit. Der Abend war ein voller Erfolg – wie folgender Zeitungsartikel vom 10. Juni 2005 beweist.

Einen kurzen Überblick über die wichtigsten Unternehmungen unseres Seminarkurses bietet eine Diashow auf der DVD.

DVD VII, 1

[1] Seit ein paar Jahren haben die Gymnasien in Baden-Württemberg die Möglichkeit, in der Klassenstufe 12 neben den traditionellen Fächern einen sogenannten Seminarkurs anzubieten, bei dem das Thema unter Beachtung gewisser schulischer Rahmenbedingungen weitgehend frei gewählt werden kann. Im Mittelpunkt eines solchen Kurses steht im Wesentlichen die intensive Einübung studien- bzw. berufsvorbereitender Arbeitsmethoden. Dazu gehören Methoden der Informationsverarbeitung, selbst gesteuertes Lernen, Teamarbeit, Zeitplanung, Präsentationstechniken u. a. m., die auch für die Abiturprüfung wichtig sind.

[2] Mit „allen anderen" sind nicht nur die anderen Schüler gemeint. Bei unseren Umfragen mussten wir oft genug feststellen, dass in Betrieben, Geschäften und Behörden so gut wie niemand erreichbar war, der uns eine qualifizierte Auskunft auf unsere Fragen und Anliegen geben konnte.

Karl-Maybach-Gymnasium

„Boygroup ist krass hinter dem Bunny her“

FRIEDRICHSHAFEN - „Mir kenned alles – Schwoaba im Hafa“, unter diesem Motto haben die Schüler des Seminarkurses „Mundartforschung“ einen facettenreichen Mundartabend im Karl-Maybach-Gymnasium gestaltet. Vier kurzweilige Stunden ließen sie mit viel Liebe zum Detail Heimatgeschichte lebendig werden.

Von unserer Mitarbeiterin Stefanie Wex

Ob als Sieben Schwaben – wie hier auf dem Bild – oder als Schaffner der Schwäbischen Eisenbahn, im pompösen Rokoko-Kleid als Schlossdamen des Häfler Schlosses oder Gastarbeiter in der Industrie – mühelos schlüpfen die Schüler in ihre Rollen und Kostüme, um Heimatgeschichte lebendig zu machen. Foto: Stefanie Wex

Die sprachwissenschaftliche Frage „warom mer Schwäbisch schwätzt em Hafa“ stand am Anfang des engagierten Projekts von Lehrer Peter Faul und seinen Zwölftklässlern, wie schon mehrfach in der Schwäbischen Zeitung berichtet. Fulminant, wie die Schüler ihre interessanten Untersuchungsergebisse zu einem spannenden Abend aufbereiteten. Mit Schauspiel, Kabarett, viel Musik, Sequenzen aus Videointerviews und der Publikumsshow „Friedrichshafen sucht den Superschwaben“ spielten, tanzten und sangen sich die Multitalente in die Herzen der Zuschauer im bis auf den letzten Platz gefüllten Cinema des KMG. Dabei brachten die jungen Erwachsenen eine klare Botschaft rüber: „Dialektsprechen macht Freude, bedeutet Kultur und Tradition.“

Ein eindrucksvolles Plädoyer für historische Sagen sowie für regionales Liedgut war der Mundartabend des KMG. Als „Sieben Schwaben“ traten die Schüler auf. Mit einer langen Lanze ging es gegen das „Ungeheuer“ Seehase, das eigentlich doch nur ganz gemütlich Radieschen knabberte. Im Jargon moderner Schüler heißt das heute: „Boygroup mit Spieß ist krass hinter dem Bunny her.“ Schwäbische Mentalität wird deutlich an dieser Geschichte, die gleichzeitig den Schwäbisch-Badischen Konflikt beleuchtet, wenn der „Gelbfüßler“ mit dem Knöpfleschwaben auftritt.

Die Antwort auf die Frage, warum in Friedrichshafen Schwäbisch statt Seealemannisch gesprochen wird, bringt die Schüler auf eine spannende Reise durch die Geschichte der Stadt. In Buchhorner Tracht erzählt Sandra von den Anfängen bis zur Gründung der Reichsstadt Buchhorn, Schaffner Mark berichtet von Boom der Schwäbischen Eisenbahn und Jens weiß als Graf Zeppelin davon zu berichten, wie seine Technologie das Gesicht der Stadt veränderte. Industrie- und Gastarbeiter, Flüchtlinge und auch das Haus Württemberg als sprach-relevante Faktoren für den „Melting-Pot“ Friedrichshafen werden deutlich. Und noch eines: „Seine Hoheit schwätzt Schwäbisch“, wie ein Interview mit Herzog Friedrich von Württemberg beweist.

Seeputzete à la „Reich-Ranicki“

Eine köstliche Parodie von Marcel Reich-Ranicki lieferte Wolfgang Engelberger vom „Maulart-Kabarett“. Von „feinsinniger Symbolik durchwoben und frappierender Aktualität“ sei die „Fischerin vom Bodensee“, so der Literaturkritiker. Das Publikum tobte, als „Reich-Ranicki“ die Seeputzete als „gewässerspezifische Spielart der schwäbischen Kehrwoche“ bezeichnete.

Überhaupt waren die Zuschauer voll dabei an diesem Abend, errieten Dialekte, wie das herrliche Plattdeutsch von Sönke Wittnebel, Kantor der Schlosskirche. Weil er weiß, dass „welawäg“ nichts mit Flaute auf dem See zu tun hat, wurde Ulrich Grasberger schließlich der „Superschwabe“ und gewann eine Million Mostviertel. die Zuschauer haben viel gelernt, wissen jetzt, was ein „futterneidischer Siach“ ist und dass mit Fuaß eigentlich das Bein gemeint ist. Und noch etwas Wichtiges hat der Abend gezeigt: Dass Schule sich verändert hat, heute mehr Raum lässt für Kreativität, Spaß und Eigeninitiative. Welche Noten Lehrer Peter Faul seinen Schülern für die Präsentation gibt, wissen wir nicht, die Schwäbische Zeitung vergibt schon mal eine „Eins mit Stern“.

Auch am Karl-Maybach-Gymnasium gab es seinerzeit – wie an allen anderen Schulen im Land auch – unter den Lehrern Anhänger dieser wissenschaftlichen Auffassung. Im Gespräch mit einigen ehemaligen KMG-Schülern, heute sind sie zum größten Teil Akademiker, erfuhren wir von Begebenheiten, bei denen Schüler wegen ihres Heimatdialektes abgekanzelt und zurechtgewiesen wurden – Begebenheiten, die ihnen noch heute zwar nicht in guter, aber in starker Erinnerung sind.

Einer der inhaltlichen Ausgangspunkte für unsere Beschäftigung mit dem Dialekt war die Frage, warum Schüler in der Schule bzw. im Unterricht Hochdeutsch sprechen sollen. Dies führte uns in die jüngere Geschichte der Dialektforschung: Um 1970 galt der Dialekt bei Forschern als eine Sprachbarriere, d.h. sie glaubten sogar, dass Dialektsprecher geringere Bildungschancen hätten als Hochdeutsch sprechende Schüler. Um Chancengleichheit herzustellen, forderten diese Forscher mehr oder minder die Abschaffung der Dialekte. Da dies in solcher Radikalität nicht möglich war, verlegte man sich darauf, dass in den Schulen nur besseres Deutsch, Hochdeutsch, gesprochen werden dürfe, um Kinder aus sozial schwachen und damit dialektsprechenden Familien in ihren Bildungschancen zu fördern. Dialekt wurde verpönt und Dialektsprecher galten als unterbemittelt. Die bildungspolitische Radikalität dieser Auffassung hat sich etwas gelegt, die Wissenschaft hat weitergeforscht und neue Erkenntnisse gefunden.

Unter Sprachforschern gelten Dialekte mittlerweile als gleichberechtigte Nebenformen des Hochdeutschen, was nichts anderes bedeutet, als dass Dialekte keine schlechteren Ausprägungen des Deutschen sind als das sogenannte Hochdeutsch, das als einheitliche Standardsprache in der Realität sowieso nur als Schriftsprache existiert. Mittlerweile ist in der Bildungspolitik auch die Erkenntnis eingekehrt, dass Schüler in jungen Jahren neben dem Hochdeutschen noch mindestens eine weitere Sprache lernen und beherrschen sollen, weshalb bei uns das Grundschulenglisch eingeführt wurde. Für Sprachforscher sind Dialekte eigenständige lexikalische und syntaktische Sprachsysteme, also eigenständige Sprachen, womit sich der Kreis schließt und das Rad neu erfunden ist: Vor etwa dreißig Jahren wollte man – zur Erreichung von einheitlichen Bildungschancen – den Dialekt sprechenden Kindern ihre Muttersprache abgewöhnen, heute bringt man ihnen Englisch bei, damit sie neben Schriftdeutsch eine zweite Sprache beherrschen.

Steigerung der Bildungschancen!

Seit dem Sommer 2005 gibt es ein weiteres Umdenken. Der britische Sprachforscher Anthony Rowley, der Mitglied der Akademie der Wissenschaften ist, veröffentlichte im Juli 2005 seine neuesten Forschungsergebnisse: Kinder, die mit Mundart aufwüchsen, realisierten früh den Unterschied zwischen gesprochener und geschriebener Sprache. Diese Mehrsprachigkeit komme der Intelligenz zugute.

Also Steigerung der Bildungschancen durch Beherrschung eines Dialektes!

Und der aktuelle Stand der Diskussion zu Beginn des Jahres 2006: Der deutsche Philologenverband, der die Interessen der Gymnasiallehrer vertritt, unterstützt die Forderung des Professors für allgemeine Sprachwissenschaft an der Universität München Wolfgang Schulze, dass der Deutschunterricht reformiert und mit einem Fach «Dialektdeutsch» ergänzt werden müsse. Schulze regt eine Aufteilung des Deutschunterrichts in einen Hochdeutsch- und einen Dialektdeutsch-Teil an. Hochdeutsch müsse weniger als Erstsprache, sondern mehr als Zweitsprache wie Englisch und Französisch und «im Erfahrungsgegensatz zur häuslichen Sprache» unterrichtet werden. Kontrastives Lernen sei um vieles besser als normatives Lernen, sagt er. Die Lehrer müssten die regionalen Sprachvarietäten notfalls lernen, um die Sprache ihrer Schüler angemessen zu stützen.[3]

Sic! Oder auf Bodenseealemannisch: Se!

Angeregt durch diese wissenschaftliche Diskussion wollten wir wissen, ob Schüler in Friedrichshafen heute noch Dialekt sprechen und wenn, ob sie im Schriftdeutschen dialektbedingte Fehler machen. Bei unseren Anfragen in den Friedrichshafener Grundschulen wurde deutlich, dass nur noch wenige Kinder Dialekt sprechen und deren dialektbedingte Fehler in Aufsätzen eher gering sind. Viel mehr ins Gewicht fallen Schreibfehler, die durch eine sorglos gebrauchte Umgangssprache entstehen.

In der Kernstadt gibt es wohl nur noch wenige Kinder, die Schwäbisch sprechen, keines mehr, das Seealemannisch spricht. Konkret: Auf unsere Anfrage im Herbst 2004 wurde uns von der damaligen Schulleitung der

Koin Schwòbàschdroich, sondern àn Vorschlag, wià mà d Schuàlà und d Beherdà im Land weidàendwigglà kennd:

Wenn des schdimmd, was dià Forschàr dò rausgriàgt hend, dass Kinder mit Dialäkt nedd bleedàr, sondern eeàr gscheidàr sind wià dià andre, denn sott mà im Land sofort dià Lehrer dazuàbringà, dass se Dialäkt, und zwar dà Heimaddialäkt vo denne Kinder schwätzàd, bei uns also Alemannisch bzw. Schwäbisch. Und wenn se des idd kennàd, weil se z.B. Fischkepf oder sonschdige Reigschmeggde sind, dann miàssed se s hald leàrnà. Und des wird nadiirlich abbriàfd wià im Ladinum oder im Abiduur. En Namà hedd i au scho: Schwòbenium bzw. Alemannicum. Wer dià Briàfung idd bschdòhd, darf koin Lehrer weàrrà odàr muàss, wenn àr scho Lehrer isch, den idd nausschmeißà kaasch, àn Gehaltsabschlag vo, semmàr mòl gnädig, 20 Brozend in Kauf neàmmà.

S Gleiche dät i fir dià schdädtische Bedinschdede eifihra: Wer im Publikumsvàkehr koin Dialäkt ka, dàrf bloß no Akdà sordiàrà -ohne was sagà zum dirfà.

Mr kennts noo weidàr dreibà: Wer Oberbirgàrmoàschdàr vom Hafà weàrrà will, muàss boides, Stadtschwäbisch und au Bodàseealemannisch, schwätzà kennà, sonschd braucht àr sich gar idd zur Wahl schdellà.

[3] Der zugrundeliegende und teilweise wörtlich übernommene Artikel stammt von The Associated Press GmbH, 60329 Frankfurt (Main), und wurde von Yahoo-Nachrichten am 29. Januar 2006 verbreitet.

Pestalozzi-Grundschule mitgeteilt, dass nur die Tochter des Fragestellers und ihre Freundin noch Schwäbisch schwätzten. Die anderen Kinder sprächen Hochdeutsch bzw. eine z. T. wenig elaborierte Umgangssprache.

Dieser Befund stimmte uns als Befürworter des Dialekts traurig. Umso mehr freuten wir uns, als wir im Juli 2005 von der Schulleitung der Pestalozzi-Schule, zu der die Pestalozzi-Grundschule und Hauptschule in dieser Zeit vereinigt worden waren, folgende Mitteilung sahen:

PESTALOZZI-SCHULE
FRIEDRICHSHAFEN

Friedrichshafen, 12. Juli 2005

Sehr geehrte Eltern,

morgen, Mittwoch, 13.07.2005, finden für die Klassen 2, 3 und 4 die Bundesjugendspiele statt.
Die **Klassen 3 und 4 kommen um 7.30 Uhr zur Schule**. Gemeinsam mit den Klassenlehrern/innen geht es zum Zeppelinstadion hinaus.

Die **Klassen 2 kommen erst um 8.15 Uhr zur Schule** und gehen von dort zum Sportplatz.

Es dürfte selbstverständlich sein, dass der Sportbeutel dabei ist. Auch das Vesper und das Getränk sollte nicht vergessen werden.

Je nach Absprache mit den Eltern können die Kinder vom Sportplatz nach Hause gehen. Zum Ende der Bundesjugendspiele laufen auch die verschiedenen Lehrer/innen zur Schule zurück.

Mit freundlichen Grüßen
Brugger, Rektor

Fällt Ihnen etwas auf? Gott sei Dank! Herr Brugger als Rektor unterstützt – wenn auch heimlich – unser Ansinnen, Dialekte als gleichberechtigte Nebenformen des Hochdeutschen zu sehen und damit das Schwäbische nicht untergehen zu lassen. Er fördert das Schwäbische subtil auf der Ebene der Lexik, so dass es weiter gar nicht auffällt. Denn nur im Schwabenland kann man bereits morgens vespern, sprich ein Vesper (von lat. vesper = Abend, übertragen: Abendbrot) einnehmen. Auch die Fortbewegung seiner Lehrer(innen) auf dem Heimweg umschreibt er euphemistisch mit „Laufen", was nur im Schwäbischen soviel wie das wohl gemeinte „Gehen" bedeutet.

Am Karl-Maybach-Gymnasium zeigte sich bei der Nachfrage, wer Dialekt beherrscht, interessanterweise ein anderes Bild: Ins Gymnasium gehen offensichtlich mehr Kinder als die zwei oben genannten Kinder der Kernstadt-Grundschule, die Dialekt sprechen. Der Grund dafür ist einfach: Die Schüler kommen auch aus dem Umland Friedrichshafens, wo der Dialekt noch mehr gepflegt und beherrscht wird.

Bei der Untersuchung von Schüleraufsätzen kamen in den unteren Klassen (Klasse 5 bis 7) des Gymnasiums in der Lexik, sprich in der Wortverwendung, vereinzelt noch Fehler vor, die auf eine Zweisprachigkeit Dialekt – Schriftsprache zurückzuführen sind. Syntaktische Fehler, also Fehler im Satzbau, fanden sich bei den dialektsprechenden Kindern in keinem größeren Maß als bei den nicht dialektsprechenden Schülern. Die Syntax der Schriftsprache wurde bei den untersuchten Schüleraufsätzen also von der Syntax des gesprochenen Dialektes nicht oder nur unwesentlich beeinflusst.

Typische Fehler entstehen durch Gleichsetzung des Dialektwortschatzes mit dem Wortschatz des Schriftdeutschen. Dabei wird die Schreibung von den Schülern im Schriftdeutschen weitgehend korrekt vollzogen, nur die semantische Verwendung stimmt nicht.

Schwäbisch	–	**Schriftdeutsch**
heben	–	halten
anderst	–	anders
besonderst	–	besonders
einzigster	–	einziger
schmeißen	–	werfen
hinfliegen	–	hinfallen
Teppich	–	(Bett-)Decke
der Butter	–	die Butter
das Teller	–	der Teller
der Buckel	–	der Rücken
der Fuß	–	das Bein
der Radio	–	das Radio
verzählen	–	erzählen
verkältet	–	erkältet

Werbung auf Schwäbisch? Nein! Auch wenn es nach einer genialen schwäbischen Verkaufsstrategie aussieht, keine Fische, also nichts, um acht Euro zu verkaufen, so ist der Text schriftdeutsch. Zwar heißt es im Schwäbischen „koi“ für „kein“, aber der Plural zu „Fisch“ lautet ebenfalls „Fisch“ und nicht „Fische“. Koi-Fische sind japanische Zierfische.

2. Teil: Was se sonscht no rausgfundà hond

Eine beachtliche Leistung, auf die die Teilnehmerinnen und Teilnehmer des Seminarkurses mit Recht stolz sein können, bildete die Durchführung und Auswertung unserer Umfrage zum Thema „Welche Dialekte spricht man hier am Bodensee?“ In einem ersten Schritt befragten wir die Schüler des Karl-Maybach-Gymnasiums und deren Eltern, in einem zweiten Schritt richteten wir die Umfrage über die Schwäbische Zeitung an Haushalte in Eriskirch, Friedrichshafen und Immenstaad. Auf unsere Fragen haben 1230 Erwachsene und 563 Schüler geantwortet, womit im Vergleich zu den wissenschaftlichen Umfragen, an denen wir unsere eigene Umfrage orientiert haben[4], eine sehr breite Basis für ein repräsentatives Ergebnis vorliegt.

Aber sehen Sie selbst!

[4] Vorbild und theoretische Grundlegung gab uns das unter der Leitung von Eckart Frahm vom Ludwig-Uhland-Institut für Empirische Kulturwissenschaft der Universität Tübingen herausgegebene Buch: Renaissance des Dialekts? Tübinger Vereinigung für Volkskunde e.V. 2003.

KARL-MAYBACH-GYMNASIUM FRIEDRICHSHAFEN

Seminarkurs „Mundartforschung“, Jahrgangsstufe 12, Leitung: Peter Faul, Tel. 07541/34313

KMG

Karl-Maybach-Gymnasium · 88045 Friedrichshafen

Riedleparkstraße 45
88045 Friedrichshafen
Tel. 07541/38650
Fax 07541/386544

An die

Einwohnerinnen und Einwohner von Friedrichshafen / Immenstaad / Eriskirch

Umfrage zum Thema „Welche Dialekte spricht man hier am Bodensee?"

10. März 2005

Liebe Einwohner von Friedrichshafen, Immenstaad und Eriskirch!

Am Karl-Maybach-Gymnasium findet dieses Schuljahr in Klasse 12 ein Seminarkurs statt, der sich mit dem Thema „Mundart" beschäftigt.
Wir wollen herausfinden, wie viele Häfler, Immenstaader und Eriskircher Dialekt sprechen bzw. beherrschen. Auch interessiert uns, welchen Dialekt Sie sprechen. Das Ziel unserer Untersuchung besteht darin, ein schwäbisch-alemannisches Wörterbuch mit Wörtern und Redewendungen aus unserer Bodensee-Gegend zu erstellen.

Es ist uns auch ein Anliegen, diejenigen Familien ausfindig zu machen, die bereits seit mehreren Generationen in Friedrichshafen, Immenstaad und Eriskirch sesshaft sind und deren Dialekt eine gewisse Geschichte aufweisen kann. Hierzu benötigen wir Ihre Hilfe. Wir bitten Sie also, sich ein wenig Zeit zu nehmen, um den folgenden Fragebogen so genau wie möglich zu beantworten.

Sollte Ihre Familie seit über 200 Jahren hier am Bodensee ansässig sein, würden wir gerne persönlich Kontakt mit Ihnen aufnehmen. Wir bitten Sie daher, uns in diesem Fall Ihre Adresse mitzuteilen.

Alle persönlichen Angaben werden natürlich vertraulich behandelt und nicht an Dritte weitergegeben.

Vielen Dank für Ihre Mithilfe!

Peter Faul

Woher kamen Sie und Ihre Vorfahren nach Friedrichshafen?

Aus: Aach, Aachen, Aalen, Achberg, Ahlen (Biberach), Ahlen (Westf.), Aichhalden, Ailingen, Aitrach, Alberskirch, Albstadt, Allenstein, Allgäu, Almendingen, Altshausen, Altwürttemberg, Anger, Argenbühl, Argental, Augsburg, Aulendorf, Bad Buchau, Bad Mergentheim, Bad Saulgau, Bad Schussenried, Bad Waldsee, Bad Wurzach, Baden, Baden-Baden, Baden-Württemberg, Baindt, Baldringen, Bayern, Bayrischer Wald, Bayrisches Schwaben, Berg, Bergisch-Gladbach, Berlin, Bermatingen, Betzdorf, Beznau, Biberach, Bielefeld, Bietigheim, Bietigheim-Bissingen, Bingen, Böblingen, Bochum, Bodnegg, Bopfingen, Brasilien, Braunschweig, Bremen, Brochenzell, Buchen, Buchhorn, Calw, Celle, Coburg, Danzig, Darmstadt, Deggenhauser Tal, Deggingen, Deuchelried, Dillingen, Donaueschingen, Donauwörth, Dornbirn, Dortmund, Dresden, Duisburg, Düsseldorf, Ebersbach, Ehingen, Eigeltingen, Eislingen, Ellwangen, England, Erfurt, Eriskirch, Erligheim, Essen, Esslingen, Ettenkirch, Ettlingen, Fischbach, Flensburg, Forst, Franken, Frankfurt a. Main, Freiburg, Freudenstadt, Frickingen, Fronhofen, Fulda, Furatweiler, Furtwangen, Gebrazhofen, Geislingen, Göppingen, Göttingen, Gottmadingen, Griechenland, Grönenbach, Grünkraut, Gundelfingen, Günzburg, Hagnau, Haidgau, Hamburg, Hannover, Hausen im Tal, Heidelberg, Heidenheim, Heilbronn, Heiligenberg, Hemsen, Hepbach, Herbertingen, Hergensweiler, Hessen, Hohenlohe, Horb, Horgenzell, Hundersingen, Illertissen, Immenstaad, Isny, Italien, Jugoslawien, Kaiserslautern, Kappel, Karlsruhe, Kassel, Kau, Kehlen, Kempten, Kärnten, Kiel, Kirchheim/Teck, Kißlegg, Köln, Königsberg, Konstanz, Krauchenwies, Kressbronn, Laar, Laichingen, Laimnau, Landshut, Langenargen, Langenenzlingen, Laupheim, Leipzig, Leutkirch, Leutrach, Lichhalden bei Schramberg, Lindau, Lindenberg, Lingenau, Lippertsreute, Liptingen, Lorch, Lörrach, Ludwigsburg, Ludwigshafen, Magdeburg, Mannheim, Marburg, Mariabronn, Mark Brandenburg, Markdorf, Meckenbeuren, Mecklenburg, Memmingen, Mengen, Meßkirch, Michigan, Mindelheim, Mönchen-Gladbach, Mössingen, Mühlacker, Mühlheim, München, Murr, Naumburg, Neckarsulm, Neuenstein, Neukirch, Neumarkt, Neu-Ulm, Niederbayern, Norddeutschland, Nordrhein-Westfalen, Nürnberg, Oberdorf, Obereschach, Obergünzburg, Obermeckenbeuren, Oberrohr, Oberschwaben, Oberstaufen, Oberteuringen, Oberzell, Ochsenhausen, Offenbach, Öhringen, Oldenburg, Opfenbach, Österreich, Ostpreußen, Ostrach, Ottobeuren, Passau, Pfalz, Pforzheim, Pfrondorf, Pfronstetten, Pfullendorf, Plauen, Pommern, Pressburg, Presslau, Primstal, Radolfszell, Raststatt, Ravensburg, Rebstein, Rechberghausen, Reutlingen, Rheinland-Pfalz, Riedlingen, Rottenburg, Rottweil, Rübgarten, Rumänien, Russland, Sachsen, Sachsen-Anhalt, Säckingen, Salem, Schlesien, Schönau, Schramberg, Schwäbisch Gmünd, Schwäbisch Hall, Schwäbische Alb, Schwabmünchen, Schwandorf, Schwarzenberg, Schwarzwald, Schweinfurt, Schweiz, Schwenningen, Seitendorf, Senden, Siebenbürgen, Siegen, Sigmaringen, Simmersfeld, Singen, Steinheim, Stetten, Stockach, Straubing, Stuttgart, Südtirol, Taldorf, Tettnang, Thüringen, Trier, Tschechien, Tübingen, Tuttlingen, Ulm, Unterheuzingen, Unterkochen, Unterraderach, USA, Vogt, Waggershausen, Waiblingen, Waldburg, Waldsee, Waldshut, Waldürn, Waltenweiler, Wangen, Wasseralfingen, Wasserburg, Weil im Dorf, Weingarten, Welzheim, Wieblingen, Wilhelmsdorf, Wilhelmshaven, Wolfegg, Wolfsburg, Wolpertswende, Wombrechts, Würzburg, Wurzen, Zug, Zürich.

Welchen Dialekt sprechen Sie / sprichst Du?

Antworten der Erwachsenen:

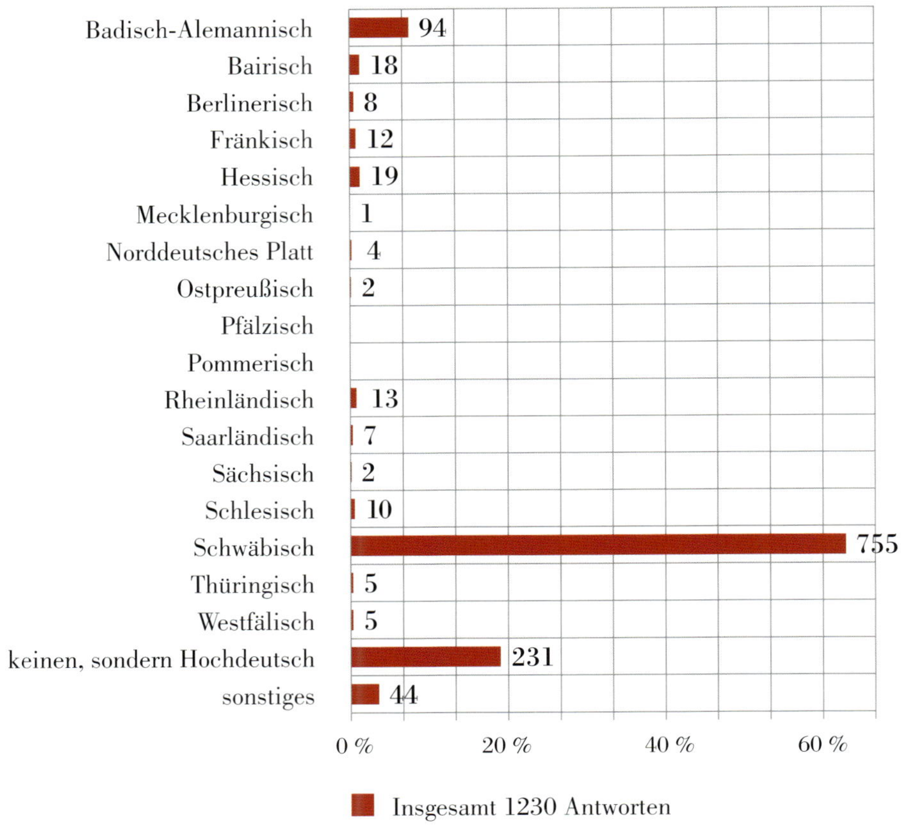

Antworten der Schüler:

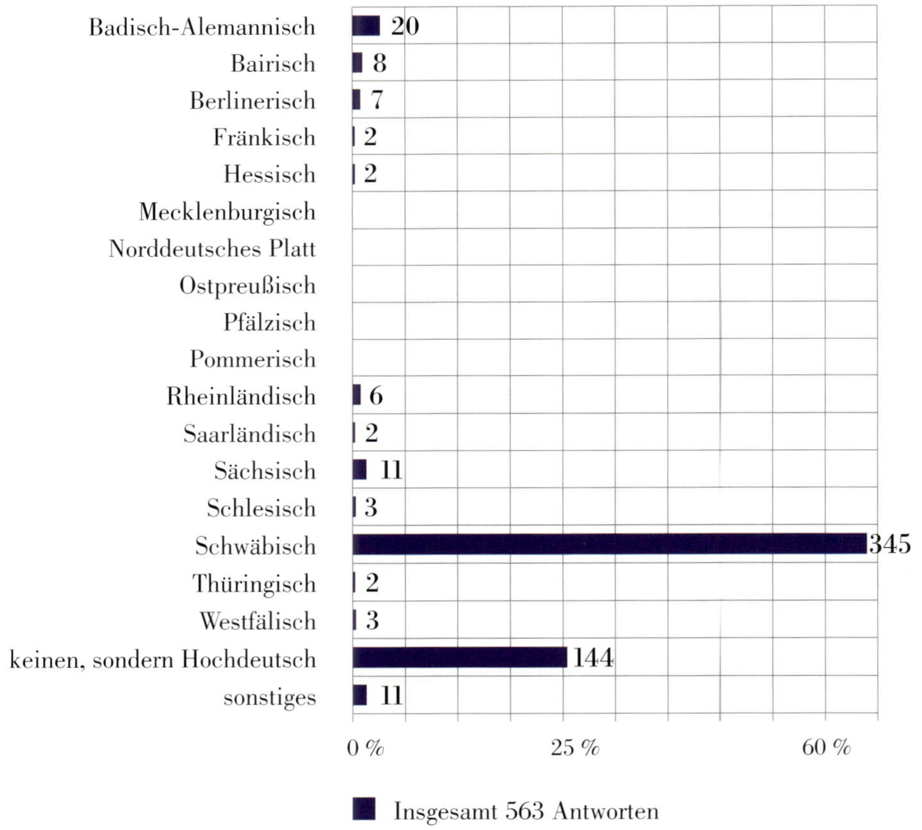

Im Vergleich der Erwachsenen mit den Schülern fällt auf, dass prozentual mehr Schüler (> 25 %) als Erwachsene (< 20 %) angeben, Hochdeutsch zu sprechen. Ein Beleg dafür, dass der Dialektgebrauch abnimmt.

In welchen Situationen sprechen Sie / sprichst Du Dialekt?

Antworten der Erwachsenen:

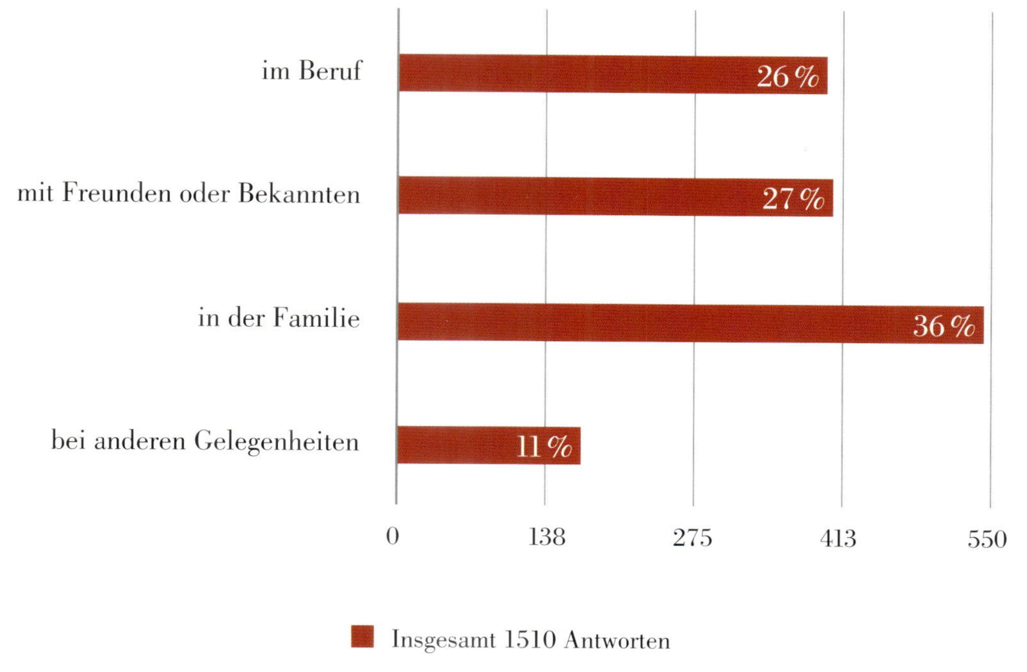

Antworten der Schüler:

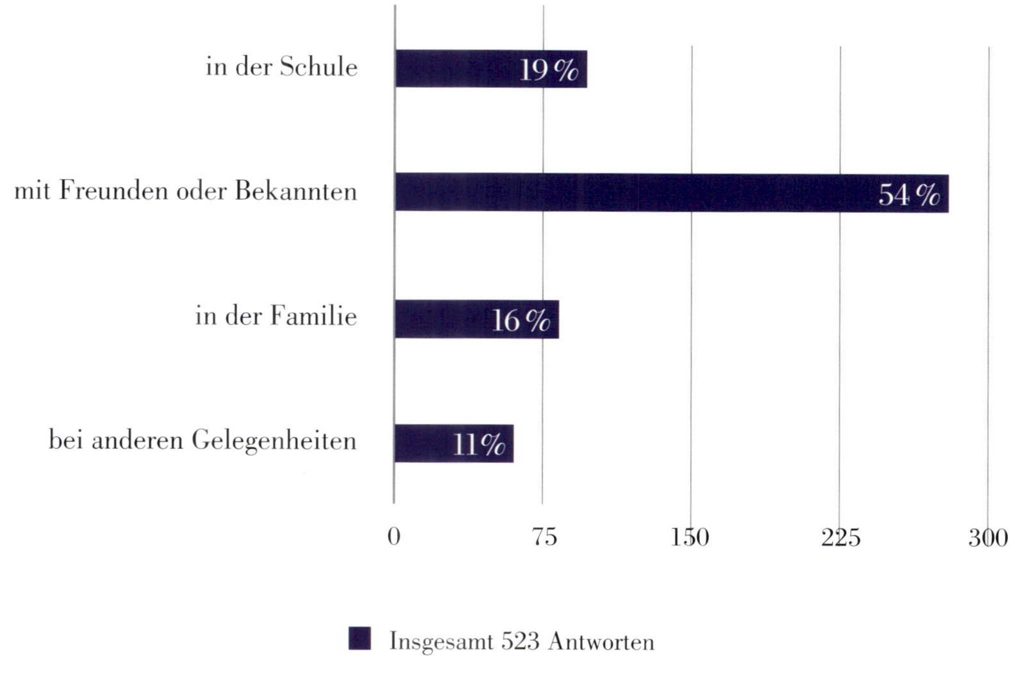

Obwohl rein rechnerisch nur 419 (= 563 – 144) Antworten bei den Schülern zu erwarten waren, hat der Fragebogen die Schüler, aber auch die Erwachsenen, dazu verführt, alle Fragen auszufüllen. Während Erwachsene vor allem in der Familie Dialekt (36 %) sprechen, verhält es sich bei ihren Kindern anders: In der Familie sprechen nur 16 % Dialekt, dafür mit Freunden und Bekannten 54 %.

Warum sprechen Sie / sprichst Du in bestimmten Situationen Dialekt?

Antworten der Erwachsenen:

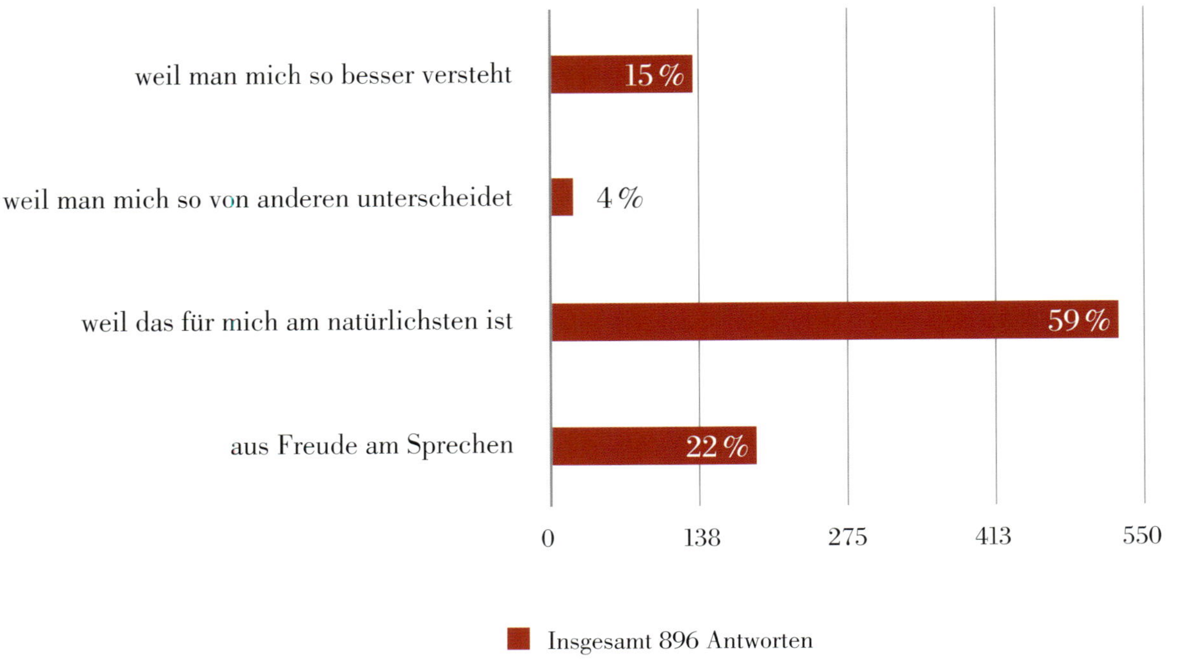

Antworten der Schüler:

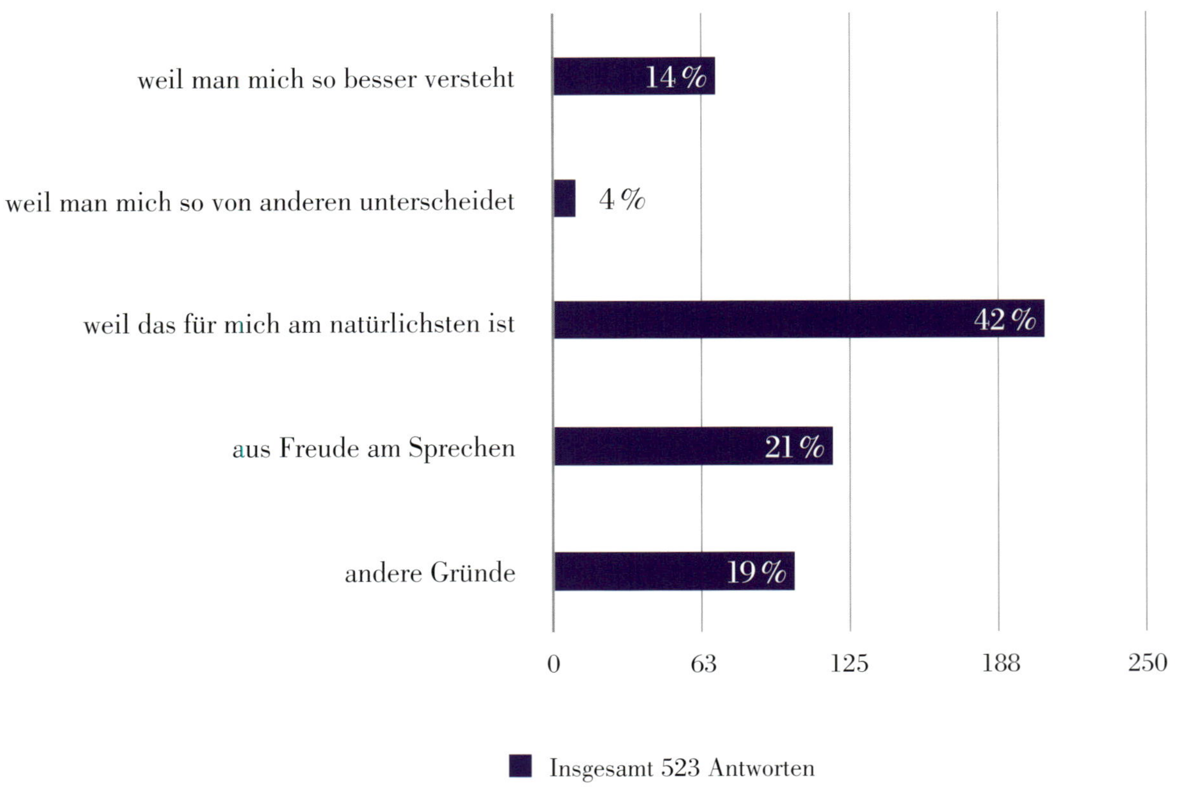

Dialekt wird bei den Erwachsenen (59 %) und Schülern (42 %) vor allem deshalb gesprochen, „weil das für mich am natürlichsten ist".

Wo liegt Ihrer / Deiner Meinung nach die Stärke des Dialektes?

Antworten der Erwachsenen:

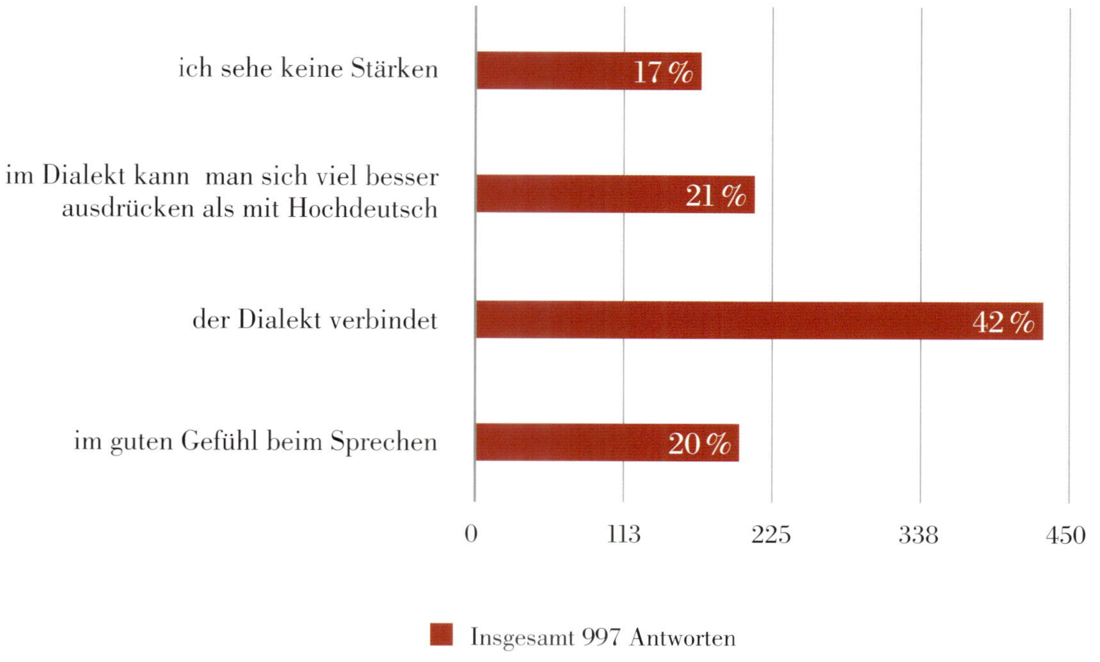

Antworten der Schüler:

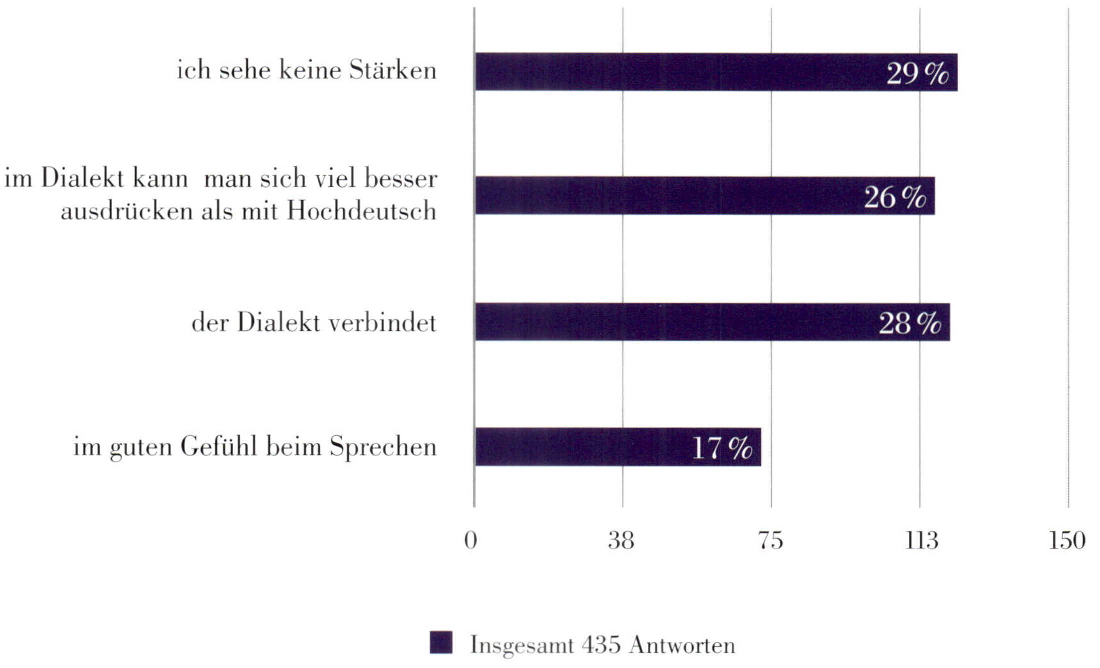

Während nur 17 % der Erwachsenen keine Stärken des Dialektes sehen, sind es bei den Schülern 29 %. Erwachsene (42 %) wie Schüler (28 %) sehen als Hauptmerkmal des Dialektes an, dass er die Menschen gleicher Sprache verbindet.

Wenn Sie / Du keinen Dialekt sprechen / sprichst, aus welchem Grund?

Antworten der Erwachsenen:

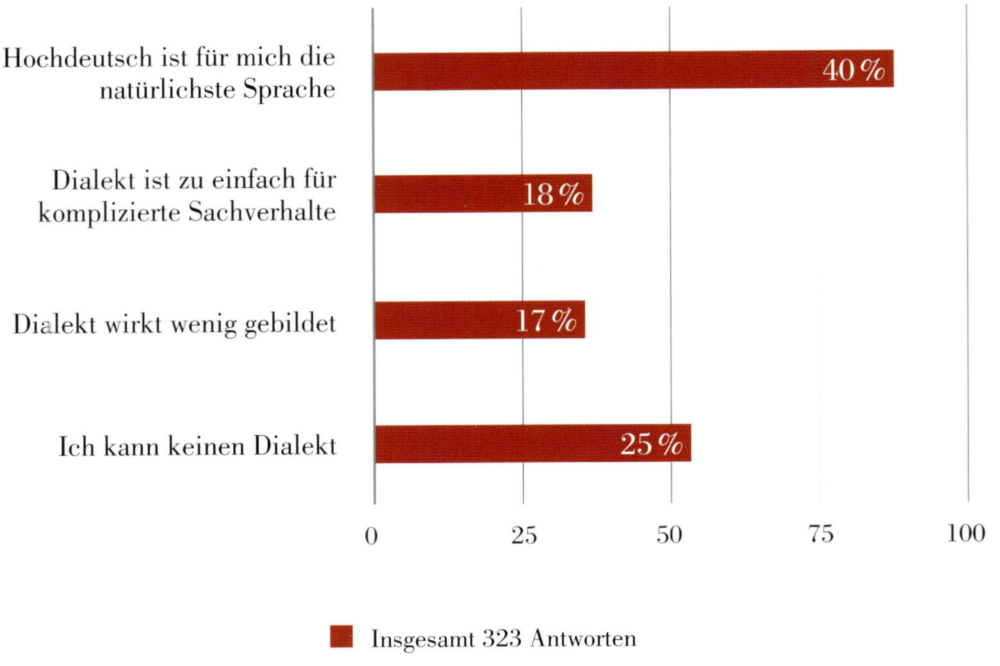

Antworten der Schüler:

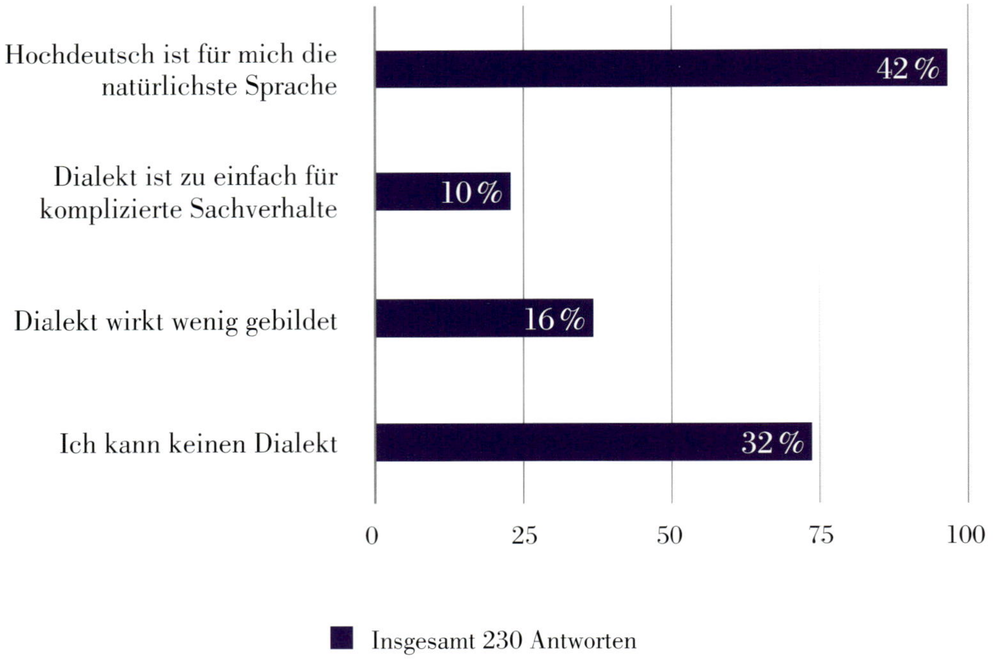

Bei den Nicht-Dialektsprechern überwiegt als Grund, keinen Dialekt zu sprechen, die Einstellung, dass Hochdeutsch für die Erwachsenen (40 %) und für die Schüler (42 %) die natürlichste Sprache ist. Als zweitwichtigsten Grund geben Erwachsene (25 %) wie Schüler (32 %) an, keinen Dialekt zu beherrschen.

Soll auch in Baden-Württemberg Schwäbisch bzw. Alemannisch neben Hochdeutsch zur zweiten Amtssprache erhoben werden?

Antworten der Erwachsenen:

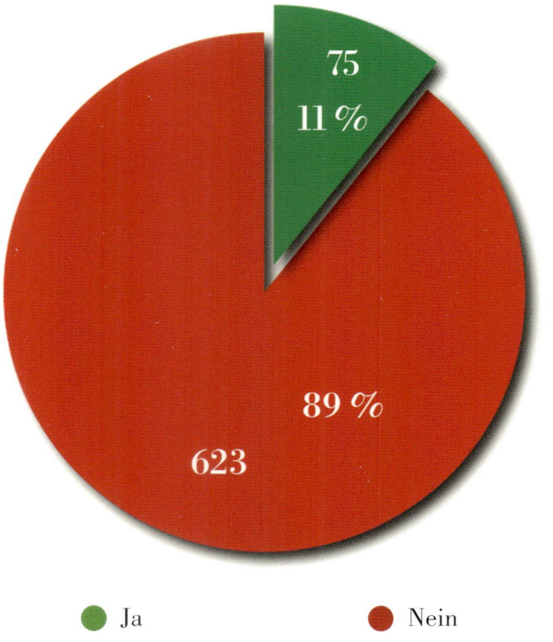

Insgesamt 698 Antworten

Antworten der Schüler:

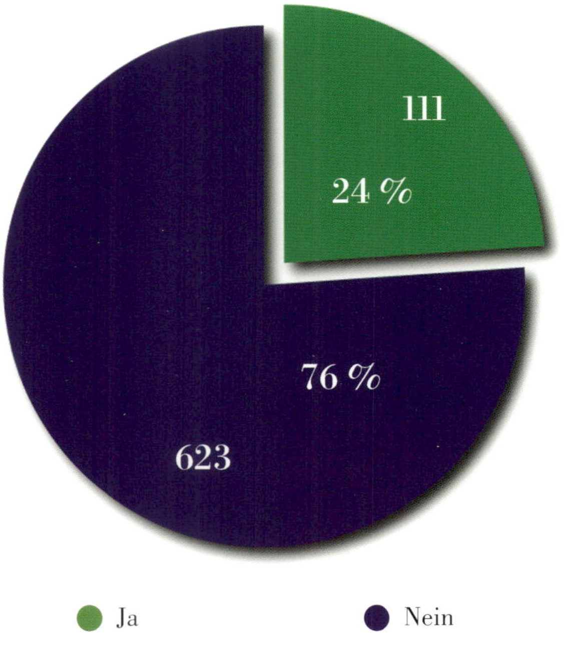

Insgesamt 463 Antworten

Ausgangspunkt für diese Frage war die Tatsache, dass im November 2004 in Nordfriesland Plattdeutsch neben Hochdeutsch zur Amtssprache erhoben wurde, womit sich alle Bürger in Nordfriesland und auf Helgoland in Plattdeutsch an Behörden wenden und unter anderem auch Urkunden in Plattdeutsch vorlegen können. Die Antwort bei unserer Umfrage fällt eindeutig aus: 89 % der Erwachsenen und 76 % der Schüler sprechen sich dagegen aus.

Soll in Baden-Württemberg Schwäbisch bzw. Alemannisch in der Schule ein eigenes Schulfach werden?

Antworten der Erwachsenen:

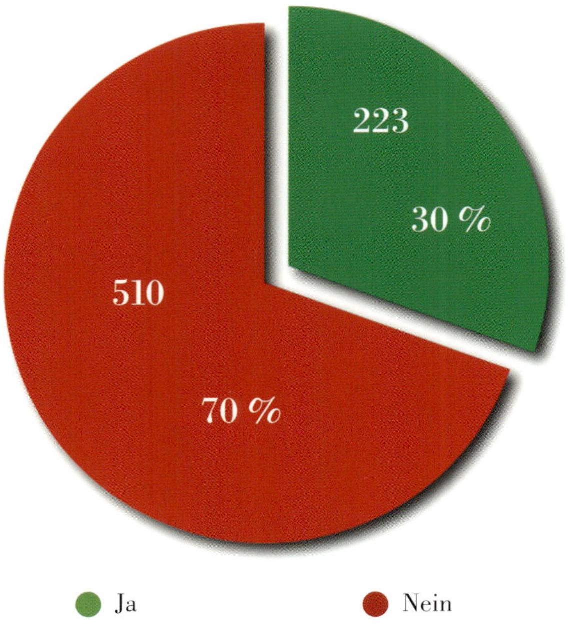

Insgesamt 733 Antworten

Antworten der Schüler:

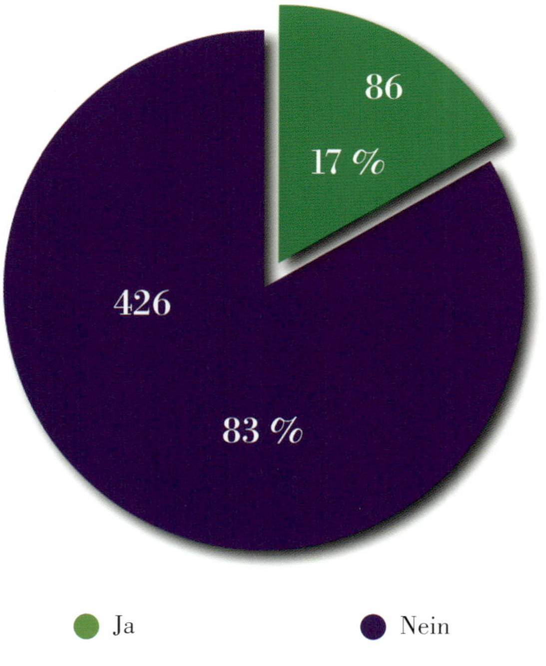

Insgesamt 512 Antworten

Die jahrelangen Bemühungen, den Dialekt als minderwertiges, "schlechteres Deutsch" darzustellen, schlagen sich in den Antworten unserer Umfrage nieder. Zudem war der aktuelle Forschungsstand noch nicht bekannt, als wir die Umfrage durchgeführt haben.

Soll in Baden-Württemberg in der Schule nur Hochdeutsch gesprochen werden?

Antworten der Erwachsenen:

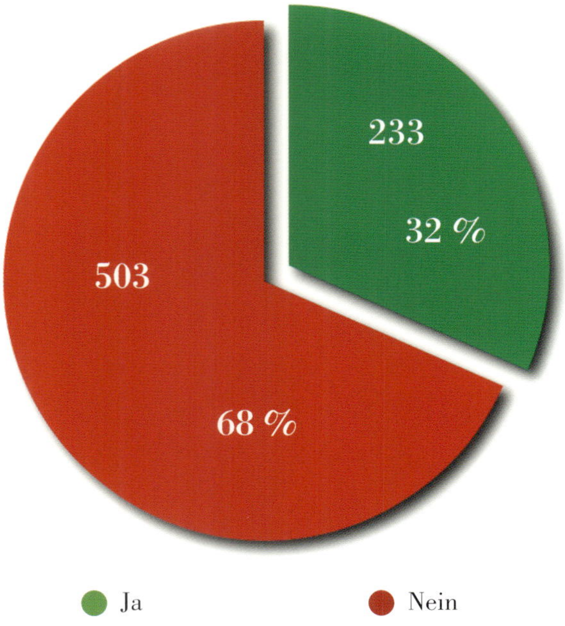

Insgesamt 736 Antworten

Antworten der Schüler:

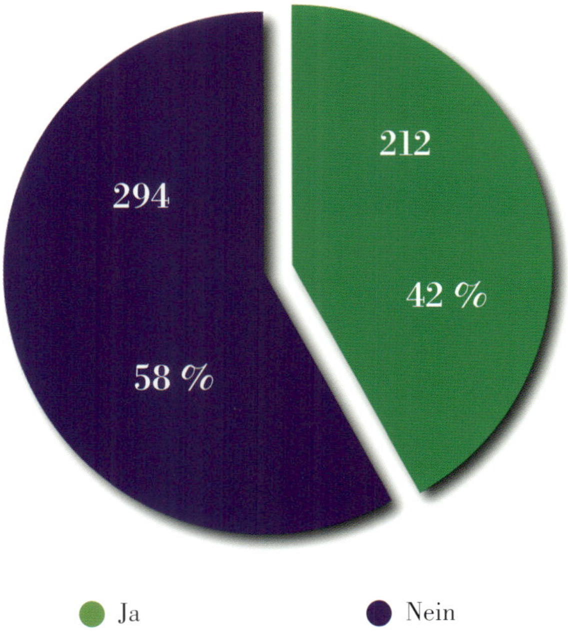

Insgesamt 506 Antworten

Unsere Umfrage enthielt weitere Fragen, die in diesem Buch aber bereits an anderer Stelle behandelt wurden.

3. Teil: N guàdà Schluss ziàrt alles

Gesungen vom Vokalensemble an der Schlosskirche Friedrichshafen unter der Leitung von Sönke Wittnebel

Nochmals zurück zum Mundartabend des Seminarkurses. An diesem Abend wurde – ebenso wie die anderen in diesem Büchlein abgedruckten Lieder – auch „Die Fischerin vom Bodensee“ vorgetragen – und zwar in alemannischem, schwäbischem, bairischem, vorarlbergischem und schweizerdeutschem Dialekt, den Dialekten also, von denen der Bodensee sprachlich umfasst wird:

DVD VII, 2

Die Fischerin vom Bodensee
auf Hochdeutsch *(Text und Musik: Franz Winkler)*

Die Fischerin vom Bodensee
Ist eine schöne Maid, juchhe,
Ist eine schöne Maid, juchhe,
Die Fischerin vom Bodensee.

Und fährt sie auf den See hinaus,
Dann legt sie ihre Netze aus.
Schon ist ein junges Fischlein drin
Im Netz der schönen Fischerin.

Da kommt ein alter Hecht daher
Übers große Schwabenmeer,
Übers große Schwabenmeer,
Da kommt ein alter Hecht daher.
Der möcht‘ auch noch ins Netz hinein,
möcht‘ bei der Maid gefangen sein,
Doch zieht die Fischerin im Nu
das Netz schon wieder zu.

Die Sonne sendet ihre Strahlen
Bis auf den tiefen Teichesgrund,
die Fische fangen an zu schwitzen,
du, liebe Sonne, treib‘ es nicht zu bunt.

Und wenn vom Schilf die Nebel steigen,
Die Nixen tanzen frohe Reigen,
Die Frösche machen die Musik dazu,
Die Wellen flüstern sich ganz heimlich zu:

Ein weißer Schwan
Ziehet den Kahn
Mit der schönen Fischerin
Auf dem blauen See dahin.
Im Abendrot schimmert das Boot,
Lieder klingen von der Höh‘
Am schönen Bodensee.

DVD VII, 3

Die Fischerin vom Bodensee
auf Schweizerdeutsch *(übersetzt von Fritz Gafner)*

Jo d Fischeri vom Bodesee,
Käi Mäitli isch so schöö, juhee,
Käi Mäitli isch so schöö, juhee,
We d Fischeri vom Bodesee.

Etz faart si usen uf de See,
Würft ires Netz uus ase schöö,
E buschper Fischli ggrootet glii
Is Netz ie vo de Fischeri.

Chunt dòò en aalte Hecht dethäär
Quäärdure durs grooss Schwoobemeer,
Quäärdure durs grooss Schwoobemeer,
Chunt dòò en aalte Hecht dethäär.
Wott vo de schööne Fischeri
In irem Netz au gfange si,
Si hät am junge gnueg und zücht
Schnäll s Netz zue vor em aalte Hecht.

Doo hät vom Himel ab d Sune
Bis uf de Seegrund abegschune.
Drum chömed d Fisch sogar in Schwäiss;
Du, Sune, bränn doch nid so häiss.

Und i de chüelen Oobedschtund,
Wänn us em Schilf de Näbel chunt
Und s tanzet drin e Näbelfee,
Dann flüschtered d Wälen uf em See:

En wiisse Schwaan
Zücht sini Baan,
Zücht es Fischerboot verbii
Mit de schööne Fischeri.
Im Oobedroot vergoldet sich das Boot,
Lieder tööned all we mee
Am schööne Bodesee.

DVD VII, 4

Die Fischerin vom Bodensee

auf Vorarlbergisch *(übersetzt von Evelin Martin)*

D Fischerin vom Bodasee,
Des isch a schöne Schmelg, juchhe,
Des isch a schöne Schmelg, juchhe,
D Fischerin vom Bodasee.

Und fahrt se usse uf n See,
Do wirft se ihre Netz usse,
Scho isch a junges Fischle din
Im Netz der schöno Fischerin.

Do kummt an alto Hecht daher
Übers große Schwobameer,
Übers große Schwobameer,
Do kummt an alto Hecht daher.
Der möcht ou in des Netz no ine,
Möcht gern bi dr Schmelg ou gfango si,
Doch züht denn d Fischerin im Nu
Des Netz doch scho wiedr zua.

D Sunno schicket ihre Schtrahlo
Bis uf n tüfo Teichesgrund,
D Fisch fangend a zum Schwitzo,
Du, lieabe Sunno, trieb s nit z bunt.

Und wenn vom Schilf dr Neabl schtigt,
Dia Nixa tanzend frohe Riega,
D Frösch duont dozua noo musizira
Und d Wella flüschtrend sich ganz heimlich zua.

An wießa Schwan
Zühet dr Kahn
Mit dr schöno Fischerin
Uf m blaua See dahin.
Im Obedrot schimmret des Boot.
Lieadr klingond vo dr Höh
Am schöno Bodasee.

DVD VII, 5

Die Fischerin vom Bodensee

auf Alemannisch *(übersetzt von Heidi und Hanspeter Wieland)*

D Fischeri vom Bodesee,
Des Mädle isch so schä, juchhe,
Des Mädle isch so schä, juchhe,
D Fischeri vom Bodesee.

Und fahrt se user uff de See,
No wirft sie ihre Netz so schä,
Scho isch a junges Fischle drin
Im Netz vo isre Fischerin.

Do kunnt en aalte Hecht doher,
Ibers große Schwobemeer,
Ibers große Schwobemeer,
Do kunnt en aalte Hecht doher.
Der wett au no is Netz drin nei,
Wett vu dem Mädle gfange sei,
Doch d Fischeri, die hot scho gnue
Und zieht des Netz glei zue.

D Sunne brennt mit ihre Schtrahle
Bis uf de allertiefschte Grund,
D Fischle fanget a gi schwitze,
Du, guete Sunne, trieb s it z bunt.

Und wenn vom Schilf us d Nebel schtieget,
D Nixe sich im Reige wieget,
D Frösch dunt dozua noo musizira,
D Welle flüschteret sich ganz liisli zue.

En wiiße Schwan
Ziaget ganz zahm
S Gundele uff em blaue See
Mit de Fischeri so schä.
Im Obedroot schimmeret des Boot.
Lieder klinget vu de Höh
Am schöene Bodesee.

DVD VII, 6

Die Fischerin vom Bodensee
auf Schwäbisch *(übersetzt von Peter Faul)*

D Fischere vom Bodàsee,
Di isch à siaßà Maus, juchhe,
Di isch à siaßà Maus, juchhe,
D Fischere vom Bodàsee.

Ond fehrd se auf des Wasser naus,
Na legd se ihre Netzer aus,
Scho isch à jonges Fischle dren
Im Netz von derà Fischàren.

Dò kommd en alder Hechd dòher,
Ibers große Schwòbàmeer,
Ibers große Schwòbàmeer,
Dò kommd en alder Hechd dòher.
Der wett au no ens Netz gern nei,
Wett von dem Meisle gfangà sei,
Doch macht di siaßà Maus nur Blatz
Für ihren jongà Schatz.

Dia Sonnà schtrahlt mit ihre Schtrahlà
Bis auf dr diàfschde Grond vom See,
Dià Fischlà fangàt à zom Schwitzà,
Du, hoißà Sonnà, mach se net he.

Ond wenn am Land dià Nebel schteigàt,
Tanzàt d Nixà froh em Krois,
D Fresch machàt à Musik dazuà,
D Wellà flüschtràt sich ganz hälingà zuà.

Oi weißer Schwan,
Ziehàt dr Kahn
Mit der scheanà Fischere
Auf m blauà See firsche.
Em Òbendrod leichtet des Bood,
Liader klengàt von dr Heh
Am scheanà Bodàsee.

DVD VII, 7

Die Fischerin vom Bodensee
auf Bairisch *(übersetzt von Siegfried Draxinger)*

De Fischerin vom Bodnsee,
De is a fesche Dian, juchee,
De is a fesche Dian, juchee,
De Fischerin vom Bodnsee.

Und woann s doann afn See naus foat
Und af de silban Fischal woat,
Is boid a jungs kloans Fischal drin
Im Netz vo unsra Fischerin.

Do kimmt a oida Hecht dahea,
Schwimmt umma ibers Schwobnmeea,
Schwimmt umma ibers Schwobnmeea,
Do kimmt a oida Hecht dahea.
Dea mechat a is Netz gean ei
Und vo de Dian gean gfoanga sei,
Doch d Fischerin, de mog sei Ruah
Und ziagt des Netz glei zua.

De Sunn, de mocht a Heagottshitzn
Und scheint bis afn Seegrund oi.
De Fischal foangan o zun Schwitzn,
Du, liabe Sunn, etz treib's ned gor a so.

Und woann bei Nocht de Nebi steing,
Doann toanzn d Nixn Ringlreing
Und d Freesch, de singan a dazua
Und d Welln rauschn und es wead koa Ruah.

A schneeweiße Schwoan,
Dea ziagt in Koahn
Drin do sitzt de Fischerin,
So foahn s afn See dahin.
D Sunn geht dahi. S Schiiff spieglt si.
Liada klingan vo da Heh
Oan unsam Bodnsee.

Die Text- und Tonfassungen wollten wir Ihnen nicht vorenthalten – verdeutlichen sie doch die enge sprachliche Verwandtschaft zwischen Schweizerdeutsch, Vorarlbergisch, Alemannisch und Schwäbisch. Und damit wollen wir schließen.

DVD VII, 8

Halt! Doch noch nicht ganz: Wir schließen hier zwar mit dem Buch, verweisen aber auf die DVD, auf der sich ein ganz besonderes Ziggerle, ein ganz besonderes Guàtsle, befindet, das Sie sich unbedingt ansehen müssen: Wolfgang Engelbergers Reich-Ranicki-Parodie über die „Fischerin vom Bodensee", die er an unserem Mundartabend zum großen Vergnügen aller vorgetragen hat…

…und damit ist jetzt wirklich das Ende erreicht!

Wolfgang Engelberger

Literaturverzeichnis

Hermann Bausinger: Die bessere Hälfte. Von Badenern und Württembergern. Stuttgart/München: Deutsche Verlags-Anstalt 2002.

Berthold Büchele: Schwäbisch g'sunge. Lieder und Bräuche aus Oberschwaben und dem Allgäu. Hrsg. von der Arbeitsgemeinschaft Heimatpflege im württembergischen Allgäu. Verlag: Verein zur Pflege von Heimat und Brauchtum Ratzenried e.V. Herstellung und Vertrieb: Rud. Roth & Cie KG Leutkirch 2000.

Norbert Feinäugle und Hermann Fischer: „Wie dr Schwob schwätzt". Leinfelden-Echterdingen: DRW-Verlag. 2. Auflage 2003.

Hermann Fischer: Schwäbisches Handwörterbuch. Tübingen: Laupp. Tübingen: Mohr Siebeck. 3. erw. Auflage 1999.

Marlies Grötzinger: Die sieba Schwoba. Endlich auf Schwäbisch. Tübingen: Silberburg-Verlag 2002.

Ernst Haller: Seewein. Die Geschichte des Weinbaus in und um Friedrichshafen. Friedrichshafen: Verlag Robert Gessler 2005.

Hansmartin Decker-Hauff: Frauen im Hause Württemberg. Herausgegeben von Wilfried Setzler, Volker Schäfer und Sönke Lorenz in Zusammenarbeit mit Andreas Schmauder. Leinfelden-Echterdingen: DRW-Verlag Weinbrenner GmbH & Co. 2. Auflage 1998.

Eckhard John (Hrsg.): Volkslied – Hymne – politisches Lied. Populäre Lieder in Baden-Württemberg. Münster: Waxmann Verlag 2003.

Hubert Klausmann, Konrad Kunze und Renate Schrambke: Kleiner Dialektatlas: Alemannisch und Schwäbisch in Baden-Württemberg. Bühl/Baden 1997.

Ulrich Knoop: Wörterbuch deutscher Dialekte. Eine Sammlung von Mundartwörtern aus zehn Dialektgebieten im Einzelvergleich, in Sprichwörtern und Redewendungen. Gütersloh: Bertelsmann Lexikon Verlag 1997.

Werner König: dtv-Atlas Deutsche Sprache. München: Deutscher Taschenbuch Verlag. 14. Auflage 2004.

Raimund Kolb: „Bähnle" – „Mühle" – Zug und Bus: Die Bahn im mittleren Schussental. Bergatreute: Eppe 1987.

Rolf Linse: Der Bodenseeraum als sprachliche Übergangslandschaft. Zulassungsarbeit zur wissenschaftlichen Prüfung für das Lehramt am Gymnasium im Fach Deutsch. Freiburg 1997.

Ludwig-Uhland-Institut für Empirische Kulturwissenschaft der Universität Tübingen: Renaissance des Dialekts? Tübinger Vereinigung für Volkskunde e.V. 2003.

Fritz Maier: Friedrichshafen. Heimatbuch. Band 1. Friedrichshafen: Verlag Robert Gessler. 3. Auflage 1994.

Fritz Maier: Friedrichshafen. Heimatbuch. Band II. Friedrichshafen: Verlag Robert Gessler 1994.

Fritz Maier: Friedrichshafen. Heimatbuch. Band III. Friedrichshafen: Verlag Robert Gessler 2004.

Max Messerschmid: 175 Jahre Friedrichshafen. Schriftenreihe des Stadtarchivs Friedrichshafen, herausgegeben von der Stadt Friedrichshafen. Band 1. Friedrichshafen: Verlag Robert Gessler 1986.

Präsidium des Seehasenfestausschusses (Hrsg.): Als der Seehas kam. Die Geschichte des Seehasenfestes ab 1949. Verlag Robert Gessler 1998.

Gerhard Raff: Die schwäbische Geschichte. Stuttgart, Leipzig. Hohenheim Verlag. 2. Auflage 2003.

Ulrich Sauter: I hon Schmärza wia d' Sau. Aus der Sprechstunde des Hausarztes Ulrich Sauter. Friedrichshafen: Eigenverlag 2004.

Gustav Schwab: Wanderungen durch Schwaben. Neuausgabe. Gerlingen: Verlag Bleicher 2001.

Willy Sohn: Drhoim ond drom rom. Schwäbisches mit Herz und Gemüt. Friedrichshafen: Verlag Robert Gessler 1979.

Stadt Friedrichshafen (Hrsg.): Geschichten aus Buchhorn und Friedrichshafen. Historisches Lesebuch für die Jugend der Stadt. Schriftenreihe des Stadtarchivs Friedrichshafen Band 2. Friedrichshafen: Verlag Robert Gessler. 3. Auflage 1996.

Stadt Friedrichshafen (Hrsg.): Lebenszeiten, Lebensorte. Erinnerungen an Friedrichshafen 1900 – 1930. Historisches Lesebuch für die Jugend der Stadt. Schriftenreihe des Stadtarchivs Friedrichshafen Band 3. Friedrichshafen: Verlag Robert Gessler 1993.

Thaddäus Troll: Preisend mit viel schönen Reden. Hamburg: Hoffmann und Campe. 3. Auflage 1972.

Friedrich E. Vogt: Schwäbisch in Laut und Schrift. Eine ergründende und ergötzliche Sprachlehre. Stuttgart: J. F. Steinkopf Verlag. 2. Auflage 1979.

Hermann Wax: Etymologie des Schwäbischen. Herausgegeben von Wolfgang Schürle im Auftrag der Oberschwäbischen Elektrizitätswerke. 2. erw. Auflage 2005.

Georg Wieland: Die evangelische Kirche in Friedrichshafen 1812 – 1945 in: „Kirchen in Friedrichshafen – Geschichte und Kunst", S. 127 ff. Friedrichshafen: Verlag Robert Gessler 1989.